开启阅读之门

张先璎题

小学整本书阅读实践

马蔷　著

中国书籍出版社
China Book Press

图书在版编目（CIP）数据

开启阅读之门：小学整本书阅读实践 / 马蔷著. --
北京：中国书籍出版社, 2019.7
ISBN 978-7-5068-7339-0

Ⅰ. ①开… Ⅱ. ①马… Ⅲ. ①阅读课-小学-教学参
考资料 Ⅳ. ①G624.233

中国版本图书馆CIP数据核字(2019)第124974号

开启阅读之门:小学整本书阅读实践

马蔷　著

策划编辑　庞　元
责任编辑　庞　元
责任印制　孙马飞　马　芝
封面设计　东方美迪
出版发行　中国书籍出版社
地　　址　北京市丰台区三路居路 97 号（邮编：100073）
电　　话　（010）52257143（总编室）　（010）52257140（发行部）
电子邮箱　eo@chinabp.com.cn
经　　销　全国新华书店
印　　刷　北京蚂蚁印科技有限公司
开　　本　787毫米×1092毫米　1/16
印　　张　16.5
字　　数　278千字
版　　次　2019年7月第1版　2019年7月第1次印刷
书　　号　ISBN 978-7-5068-7339-0
定　　价　59.00元

我贴在地面步行 不在云端跳舞

哲学家维特根斯坦说："我贴在地面步行，不在云端跳舞。"第一次听说这句话，是著名特级教师张光璎老师告诉我的。张老师一再叮嘱我说："做教学研究工作，必须脚踏实地，贴近学生，植根课堂。你首先是一名语文教师，而后才是一名语文教学研修员。"维特根斯坦的话给了我重要的启示，"贴在地面步行"就是要求语文教学研究必须关注学生的实际需要，尊重学生的身心发展特点，同时要遵循语文教学的规律，做实实在在的研究。"不在云端跳舞"，做教学研究就要有端正的研究态度，严谨的研究过程，淡泊名利、去除浮躁，要切实地服务于教师与学生的成长与发展。"我贴在地面步行，不在云端跳舞。"是我奉行的研究态度。

为什么我会选择带领着团队教师进行小学阶段整本书阅读的实践研究呢？这要从两件事情说起。

两年前，我偶遇毕业生家长。家长见到我一阵热聊，感谢我六年来对孩子的教育，并一再感谢我为孩子养成了一个良好的阅读与写作的习惯。高考时，这名学生的语文成绩很理想，并且成绩最佳的科目是高中三年学习中最轻松的一门。是什么原因使得孩子学习语文如此轻松快乐呢？阅读与写作成了他的习惯，语文素养一旦形成，厚积薄发便水到渠成。

也是在两年前，骨干团队中的教师问我："马老师，我最近听了很多课，怎么都不讲单篇课文了？大家都在讲组合阅读，要不就是整本书的阅读。组合阅读我以前倒是听过课，像群文阅读，主题阅读，但是整本书阅读突然就火了起来。我们是不是以后也需要上这样课了？"这位年轻教师的感觉很敏锐，是的，语文教学在变化，阅读教学已经不再局限于单篇课文的讲授，课外单篇文章的补充阅读，多篇文章组合阅读，乃至整本书的阅读不断地兴起，面对这样的"热"，作为语文研修员不是要盲目地跟风，而是要先"冷"下来。我们知道，文章是生活的再现。一首小诗歌，虽然篇幅不长，却情谊深远。一篇散文，洋洋洒洒近千字，表达了作者独特的人生感悟。人们说"半部论语治天下"，靠半部论语就能治国安邦。《三国演义》《水浒传》则反映了一个较长历史时期的社会现象。由于作者个人的生活经历不同，感受不同，所要记录的内容的复杂性与时间跨度不同等，他就会选择最恰切的方式进行创作。有短小精练的诗歌，有形散神聚的散文，有短篇、中篇、长篇的小说。阅读着作家的作品，仿佛多了一种人生体验，拓展了生命的宽度，影响着阅读者对生活的态度。尤其是阅读经典作品，不仅使我们浸润在纯正的语言文字中，也使我们与高尚的灵魂对话。这不仅能提高一个人的语文素养，也能涵养一个人的精神。可见，整本书的阅读“热”起来，有其“热”的道理，而培养阅读者必须从小做起。因为，阅读是一个长期积淀的过程，语文素养的形成，高尚情操的浸润也绝不能一蹴而就。语文课程最终要培养一个全面发展的“人”，育人与阅读密不可分。但是，整本书阅读的“热”并不等于重课外，轻课内，我始终认为，课内得法，课外迁移，课内外阅读要一体化设计，将课内外阅读融通，构建一个良性的阅读生态，才能真正为学生的成长打好基础。

当想清楚，整本书阅读是什么，为什么要进行整本书阅读，课内阅读与课外阅读到底是怎样的关系等一系列问题后，我与研究团队的教师走上了“小学阶段整本书阅读的实践研究”之路。

实践研究，不是经验研究，要有学理作为依据。在研究过程中，我们学习大量的相关书籍，如约翰·D. 布兰思福特等著的《人是如何学习的》，美国莫提默·J. 艾德勒、查尔斯·范多伦的《如何阅读一本书》，周步新主编的《小学适性阅读策略的学与教》等，这些书籍给了我们很多助益。实践研究，就要脚踏实地，植根课堂，以学生和教师为主体。一个人的研究或许能走得很快，但一个团队的研究能走得更长远。我与研究团队的 24 名教师，一起在课堂中操练起来，往往是一本书，研究出若干个方案，每个方案都进行教学实践，然后发现问题，总结得失，提出新的问题推进研究前行。我们有过豁然开朗的欣喜，有过一筹莫展的苦闷，有过遇到研究瓶颈的窒息，更有携手共进突破阻碍的快乐。一路上，摸爬滚打，却勇往直前！

虽然，直至今天，研究成果也并不十分完善与成熟，但是，我愿意将思考与点滴收获与每一位喜爱语文教学的老师分享。研究，从未停止；研究，正在路上。

（注：本书中因教学课件设计之需，采用了网上一些图片作为教案内容，未能联系上的作者，请在看到后及时与出版方和作者联系，特此公告）

目 录

一、什么是整本书

“什么是整本书？”这是小学语文界的专家在得知我研究整本书阅读时，向我提出的第一个问题。乍一听，好像不是问题；可细一想，确实值得追问。我们不妨从下面四本书中选一选，哪一本是整本书？又为什么是呢？

有人认为，《读者》一定不是整本书，每一篇的作者都不一样，只是编辑选择了一些文章，编排在一起而已，篇篇不同，各篇之间也没有联系。《小兵张嘎》是整本书，作者徐光耀用一个完整的故事，塑造了一个在战火中成长起来的爱国少年张嘎的人物形象。那么，《俗世奇人》与《欧·亨利短篇小说选》呢？《俗世奇人》中收录了《苏七块》《刷子李》《泥人张》等 13 位奇人的传奇故事，每一个故事独立成文。《欧·亨利短篇小说选》中收录了欧·亨利的 42 篇精品短篇小说，如《麦琪的礼物》《爱的牺牲》《菜单上的春天》《警察和赞美诗》等，每一篇短篇小说也是一篇独立的作品。这两本书究竟是不是整本书呢？冯骥才先生在《俗世奇人》一书的序言中写道：

天津卫本是水陆码头，居民五方杂处，性格迥然相异。然燕赵故地，血气刚烈；水咸土碱，风习强悍。近百余年来，举凡中华大灾大难，无不首当其冲，因生出各种怪异人物，既在显耀上层，更在市井民间。余闻者甚夥，久记于心；尔后虽多用于《神鞭》《三寸金莲》等书，仍有一些故事人物，闲置一旁，未被采纳。这些奇人妙事，闻所未闻，倘若废置，岂不可惜？近日忽生一念，何不笔录下来，供后世赏玩之中，得知往昔此地之众生相耶？故而随想随记，始作于今；每人一篇，各不相关，冠之总名《俗世奇人》耳。

虽然每人一篇，但是创作之初冯骥才先生就已经考虑周详，要用诸位奇人的故事完整地表现出往昔此地之众生相，让读者领略天津卫水陆码头上人们的集体性格。而《欧·亨利短篇小说选》中的42篇小说，是编者人为收录的单篇，集结成册，应该说欧·亨利先生在创作之时并没有考虑好要用这42篇短小说集中表现某一主题。换言之，《俗世奇人》只有完整地读完了每一篇传奇小说，才能领略作者的创作意图，而《欧·亨利短篇小说选》每一篇表现了一个主题。而且同是《欧·亨利短篇小说选》，不同出版社收录的篇数与篇目也是不同的，可见各篇放置一起，只是一个合集。当然，将诸篇欧·亨利的短篇小说收录成集，阅读者便于发现欧·亨利创作的特点，这当是另外一回事了。

因此，在界定“整本书阅读”这一概念时，可以从两个角度出发：其一，从作者的写作意图的角度出发，作者用一部完整、系统的作品，集中表现一个创作主题，作品既可以是连续性的故事，也可以独立成篇，关键在于一部作品反映了一个意图、一个主旨；其二，从与“篇章阅读”相对立的角度出发，“整本书阅读”首先在阅读材料上不再是一篇节选文章的含英咀华，而是一本有着独立精神、独特思想价值，能够作为一个连续性整体给读者别样阅读感受的完满集合，阅读材料更长，也更具复杂性，完成这一复杂阅读任务的时间更长，表现出来的阅读行为也更具连续性。

小学阶段整本书阅读实践所开发研究的书目，更多地是指以上界定的整本书。所选择的书目既有统编教材中推荐阅读的书籍，也有学生喜爱的作品。在实践研究的过程中，我们发现学生喜欢阅读的书籍类型丰富而多元，比如神话传说、民间故事、寓言故事等，虽然这些作品与以上整本书的界定并不完全一致，但是依据学生的需要以及统编教材“快乐读书吧”的推荐，我们将此类书籍也作为指导阅读的书目之一。

二、为什么阅读整本书

一位语文界的好朋友，我和他谈论整本书阅读研究的时候，他以《西游记》举例，玄奘法师带着三位高徒，无论途经哪个宝地，该国的主人总是先问师徒四人："敢问高僧，是从哪里来，要到哪里去？" 他问我："整本书阅读从哪里来？又要到哪里去呢？"朋友的追问，给了我重要的启示。做研究先不要急于行动，对于各种声音，既不要急于附和，也不要急于批评，而是该静下心来想一想，为什么要研究这个？为什么会有这样的现象？不仅知其然，更要知其所以然。要不断追问"缘何"的问题，探其根，寻其源。整本书阅读的研究，首先要想清楚"从哪里来，要到哪里去"的问题。

近年来，语文界关于整本书的研究越来越受到关注，《义务教育语文课程标准》（2011 年版）第三部分实施建议中提倡："少做题，多读书，好读书，读好书，读整本的书。"《北京市学科改进意见》中特别强调指出：

不断丰富阅读资源，加强方法指导。小学 1~2 年级精选适宜的启蒙读物，采用诵读、讲述和背诵等形式进行学习。3~4 年级推荐不同文体的单篇短文、优秀传统文化读物。5~6 年级推荐并配备中、长篇文章及适宜的多体裁文学名著。小学阶段每天安排一定时间组织学生独立阅读，着力培养阅读习惯。

面对这种趋势，许多学校提出了书香校园的理念，不仅设立图书馆、配备图书，打造阅读氛围，而且将整本书阅读纳入课程，设置专门的课时进行整本书的阅读指导。老师们也积极实践，勇于尝试，推荐阅读书目，指导学生阅读。当然，也有部分教师对此持观望态度，甚至提出质疑："读整本的书有必要吗？""一篇篇的课文还学不完呢，有时间读整本的书吗？""整本书阅读与读课文有区别吗？"……提出问题，是好现象，这说明我们的教师不是盲从，而是有自己的思考。如若我们想明白了"为什么要读整本书"，知其根源，心中的疑问自然就消解了。

"为什么要读整本书？"可以从以下几个方面思考。

（一）整本书的阅读是关乎如何面对生活的问题

回想我们的生活，我们会阅读什么样的文本？是教材编者整理出来的一篇篇规范的单篇课文？显然不是！生活中我们会进行碎片化的阅读，比如，一则则新闻、一个个消息。我们会阅读整本书，比如，一部部小说。应该说，根据生活的需要，这些不同形式的文本都会被阅读。那么，在提倡全民阅读的今天，在多元化阅读的时代，本人更提倡传统阅读——读书，尤其读整本的书。至于风靡当下的碎片化浅阅读，虽不提倡却已经成为大众普遍的阅读方式，而纸质图书的深度阅读，似乎离我们越来越远了。

其实，在生活中读整本书的需要总是有的。PISA（Programme for International Student Assessment，国际学生评估项目的缩写）是一项由经济合作与发展组织的大型学生学习质量比较研究项目。PISA 根据阅读用途情境，将阅读的目的划分为个人用途、公共用途、工作用途、教育用途。前几日，一位朋友深夜发朋友圈，晒了一张《摆渡人》的图书封面，配的文字为“一本好书就是让人放不下手，一边看一边害怕，却还要看下去。越看越起劲！有看过的人吗？”这种情境下的阅读就是个人用途，是为自我消遣、娱乐而读。也是前不久，另一朋友捧着《语言学概论》读得很是艰辛，问其何故，他说教学中的问题想不清楚了，专家推荐读这本书，希望能找到依托，突破瓶颈。这是工作用途，为了解决工作中的问题而阅读。虽然阅读的目的不同，但是在生活中我们读整本书的需要是常有的。阅读整本书的能力，也是面向生活、面向未来的能力之一。

反观学校的语文学习，学生阅读的教材是由单篇课文组成的，他们在学校，在课堂中少有机会读整本的书，更难有机会学习如何阅读一本书。我们不能否认，读懂一篇文章与读懂一本书的策略、方法既有相同，也有差异。如果我们的孩子在校期间没有学习如何阅读一本书的话，那么他们如何将能力、方法迁移到广阔的生活阅读中去呢？

我拿自己的经历举个例子。上小学的时候，我并没有接触过读整本的书，充其量是看看小人书。渐渐上了初中，功课紧了，学习压力大了，更没时间读课外书。直至上了大学才真正意识到博览群书的重要性，于是开始大量阅读起来。起初，每本书我都是从第一个章节开始从头到尾细细地读，读的速度很慢。直至有一天与同学一起阅读，才发现同学是根据阅读目的的需要，先翻看封面、目录和简介，接着有时顺读、有时跳读、有时回读，还有时反复地读，等等。

从那时起，我也开始琢磨起读书的方法来，怎么能快速地梳理出整本书的框架，怎样把握住一本书的主旨，怎么能深度理解作者想表达的意思，一本本如饥似渴地阅读着、学习着……现在想来，阅读整本书的能力是阅读力的一个重要方面，也是直面生活的必备能力之一。

小学阶段是阅读的黄金期，也是培养阅读习惯和能力的关键期。就我个人的成长经历来看，如果在小学阶段就学习了如何阅读整本书的话，我相信，我会读得更多、读得更快、读得更深入，而不是等上了大学才后知后觉地补上阅读这一课。更何况，阅读是一个长期积淀的过程，补又谈何容易！俗语说“三岁看大，七岁看老”，就是说在小时候形成的性格、兴趣、品行是会影响人一生的。阅读习惯需要长期培养才能形成，阅读能力需要反复操练才能获得。因此，阅读的意识需要从小树立，阅读整本书的能力更需要从小培养。小学阅读课的重要性不言而喻，小学语文老师肩负的担子更是任重道远！

（二）整本书的阅读是关乎培养“人”的问题

在教育部2014年印发的《关于全面深化课程改革落实立德树人根本任务的意见》中，首次提出“核心素养体系”概念。

所谓“学生发展核心素养”，主要是指学生应具备的、能够适应终身发展和社会发展需要的必备品格和关键能力。核心素养是关于学生知识、技能、情感态度、价值观等多方面的综合表现；是每一名学生获得成功生活、适应个人终身发展和社会发展都需要的、不可或缺的共同素养；其发展是一个持续终身的过程，可教可学，最初在家庭和学校中培养，随后在一生中不断完善。

正式发布的“中国学生发展核心素养”共分为文化基础、自主发展、社会参与三个方面，综合表现为人文底蕴、科学精神、学会学习、健康生活、责任担当、实践创新6大素养，具体细化为国家认同等18个基本要点。如下图：

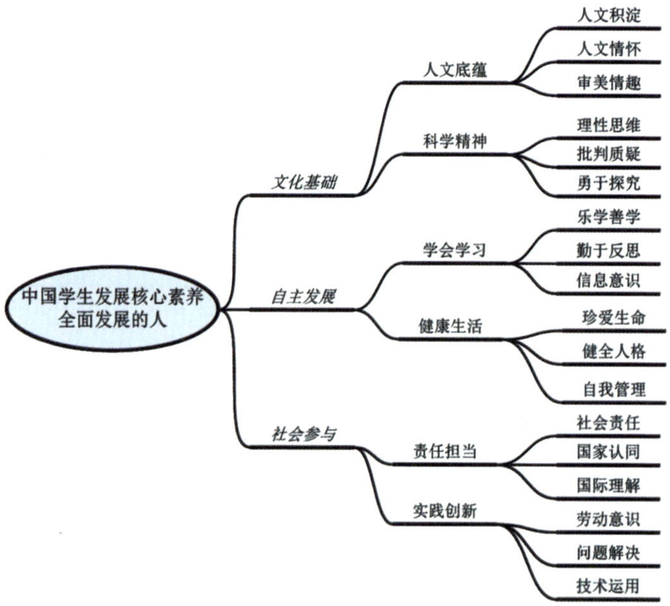

我们知道，一个完整的、健全的人的培养，不是一朝一夕的事情，是一个需要长期的文明教化的过程。人文底蕴的积淀，美好情操的熏染，健全人格的形成，都与孩子的阅读有着千丝万缕的关系。如同苏联作家布罗茨基所言：“一个不读书的民族，是没有希望的民族。”而这里所指的读书，读的不是教材中一篇篇单篇的课文，而是一本本承载着人类思想精髓的整本书。

但是，我国现实的阅读状况并不乐观。在《2017 全国国民阅读调查报告》中有这样几组数据：

2016 年在我国成年国民对个人阅读数量的评价中，只有 1.7% 的国民认为自己的阅读数量“很多”，有 6.6% 的国民认为自己的阅读数量“比较多”，有 36% 的国民认为自己的阅读数量“一般”，有 45.2% 的国民认为自己的阅读数量“很少”或“比较少”。

从成年国民对于个人总体阅读情况的评价来看，有 19.6% 的国民表示满意，（非常满意或比较满意），比 2015 年的 20.8% 有所下降，有 18.5% 的国民表示不满意（比较不满意或非常不满意），比 2015 年的 17.4% 有所提升，另有 47.6% 的国民表示一般。

调查数据显示，对于我国 18 周岁以上成年国民而言，电视近几年一直是所有媒介中受众规模最大的媒介，2016 年，我国 18 周岁及以上成年国民的电视接触率为 91.1%，值得注意的是手机媒介接触率为 83.5%，超过互联网接触率64%，仅次于电视，在各类媒介接触中位列第二。

从以上几组数据中，我们不难发现，提倡全民阅读是趋势，提高全民阅读率是方向。而一个人良好的阅读习惯，不是与生俱来的，需要从小受到教育的干预、教师的培养，以及家庭的影响。

作为教育工作者，我们所有的教育行为都应该是为培养全面发展的人而服务的。我们要培养一个具有高尚道德情操的人，一个有社会责任担当的人，一个具有文学底蕴的人，一个热爱读书的人，我们为何不让他们自小就受到这样的熏染呢？引领孩子读整本的书，尤其是经典。在阅读中，孩子会跳出井底一览大千世界，与不同的人、不同的世界进行大量的、丰富的信息交换；在阅读中，孩子不断地认识真、善、美，不断地接近这个美好的境界；在阅读中，孩子找到了一种享受光阴的方式，他们的心渐渐沉静下来……

当我们所教育的孩子成为一个忠实的阅读者时，他们的精神会不断地丰盈与强大。这不正是实现我国的整体育人目标的有效途径吗？所以，读整本的书，不是一个简单的读一本书的问题，它承载着培育一个人、一代人的重任。

（三）整本书的阅读是关乎形成语文素养的问题

先跟大家聊一件真实的事情。我好友的儿子今年高三，一心想考某名牌大学的新闻系。该校新闻系每年招生的名额十分有限，能进这个新闻系的学生都是学霸。朋友的儿子也算是学霸一枚了，但是离入主新闻系还有差距。差距在哪儿？语文的成绩提升空间还是比较大的。孩子父母几番周折，找到了某重点高中高三语文专家，请老师给孩子补补课。老师了解了孩子平时的学习状况后，对朋友说："我无法给孩子补课啊！他欠缺的是阅读素养，而阅读素养的形成不是一日之功！他欠下了一笔读书'账'，可不是几天就能还清的！"是啊！这位教师的说法我很认同。语文这件事情就像农耕，需要播种，施肥，浇水，阳光雨露……慢慢滋养，渐渐长成。

孙婧妍同学，大家有印象吗？毕业于北京十一学校，2013年北京市语文高考状元，清华大学人文学院大一学生。高考结束后她写了篇文章引起了广泛关注。她写道："我高考语文考了148分的消息传开后，我发现了一个很奇怪的现象：在所有学弟学妹、亲戚朋友的问话中，被问得最多的问题不是'你是不是很爱读书'，也不是'你是不是很爱写作'，而是，'你是不是做了很多题’。听了这样的问题，我很诧异，因为在我心中，语文从来都是一个有关素养、无关应试的学科。”

孙婧妍同学是怎样形成语文素养的呢？她在文章中也做了回答：“我从小学起学会选择正确的书开始，阅读行为在十年里从来没有间断过一天，我读名著、读国学经典、读诗歌、读历史、读哲学文学的理论、读时事。如果没有纸质书就用电脑、手机，每天短则二十分钟，长则十余个小时。在高考前的那个学期，为了保持语文学科的感觉，每天我至少要抽出一个小时来读书，教室后面的窗台堆满了我带到学校的各类书籍,有时候抽出一本会造成大规模的坍塌，尼采压在泉镜花上，紫式部淹没在赫胥黎、刘勰和纪伯伦里。阅读实在是一个太有益的习惯，即使是抱着功利的目的，如果能因此潜下心去读书，也是大大的好事情。”从孙婧妍同学学习语文的经历看，形成语文素养的重要途径之一，无外乎阅读。

阅读这件事情关乎语文素养，对于一个学生语文素养的考查就不能停留在知识层面的死记硬背，而是要对学生的阅读力、思维力、表达力、鉴赏力等进行多方面的综合考查。中高考改革不断变革，以 2018 年、2019 年的中高考北京地区的试卷来看，阅读的考核是重中之重。

2018 年北京市高级中等学校招生语文考试，部分题目如下：

> 三、名著阅读
>
> 俄国著名作家列夫·托尔斯泰说：“理想的书籍，是智慧的钥匙。”
>
> 请结合你阅读过的一部长篇小说，简要谈谈你对这句话的理解。（100 字左右）

2019 年北京市高级中等学校招生语文考试，部分题目如下：

> 三、名著阅读
>
> 阅读一部名著时，个性鲜明的人物、曲折起伏的情节、纷繁多样的人情世态……都可能引发你的阅读兴趣。请结合一部名著的内容，说出是什么引发了你的阅读兴趣，并简要说明这一兴趣是如何促使你阅读这部名著的。（100 字左右）

2018 年普通高等学校招生全国统一语文考试，部分题目如下：

> 从下面三个题目中任选一题，按要求作答。
>
> ①在《红岩》《边城》《老人与海》中，至少选择一部作品，用一组排比比喻句抒写你从中获得的教益。要求：至少写三句，每一句中都有比喻。（120 字左右）
>
> ②从《红楼梦》《呐喊》《平凡的世界》中选择一个既可悲又可叹的人物，简述这个人物形象。要求：符合原著故事情节。（150~200 字）
>
> ③读了《论语》，在孔子的众弟子之中，你喜欢颜回，还是曾参，或者其他哪位？请选择一位，为他写一段评语。要求：符合人物特征。（150~200 字）

一个人语文素养的获得，与其阅读的量与质有着密不可分的关系。从这两年语文中高考的试题来看，整本书的阅读得到了极大的关注。从测查的题目形式看，课外阅读的考查绝不是背一背主要内容、作者简介，了解一下文学常识就可以的；而是需要学生真正阅读，真的读出体会、引发思考，才能作答。我们知道，评价发挥着导向作用。这样的题目，在向学生、教师、家长传达一个信号，那就是：读书！读书！再读书！

“统编版”语文教材总主编温儒敏教授在一次北大举行的写作大赛启动仪式上曾说道：“语文高考最后要实现让 15% 的人做不完。”温儒敏教授继续透露，“高考的阅读面也在悄悄变化，哲学、历史、科技什么类型的内容都有。现在阅读的要求远远高出了语文教学平时教的那个水平。”紧接着，中小学语文从教材到教学内容都发生了巨大的变化。高中语文教材的主编曹文轩教授说：“新的语文教材要对教师学生有制约作用，比如文章后提供书目。这个书目不是可看可不看，你必须看，因为要与教师的语文教学和学生的评估直接挂钩，所以你想不看都不可以。别再说什么应付考试没时间阅读。现在你的孩子不阅读，根本应付不了考试。”教育是一场马拉松，不能只顾眼前的苟且，看得远才能赢得最后的胜利。我们的家长真应该从孩子的奥数题中、作业堆里，赶紧抬起头看看远处，别走错了方向，选错了赛道，耽误了孩子。语文综合素养的提升，必须功夫在平时，而且是苦功夫，临时抱佛脚没有指望。

可能有些人还会提出这样的质疑，读整本书能形成语文素养，教材中单篇文章的阅读就不能形成语文素养吗？这就要说到单篇课文与整本书的区别。“教材体”的单篇课文，它的特点是篇幅短小、结构简单、语言规范，选入教材时为了实现教材的编写意图，大多被删减。妮娜·米可森在《童书中的神奇魔力》中提出：“教科书中的文章往往是经过修饰的去情境化的有明晰的道德告诉的文章，这样的文章显然没法帮助孩子形成文学鉴赏能力。”整本书的阅读，在发展学生阅读力、思维力、审美力等方面有其独特优势。我们不能否认相对单篇文章而言，整本书中的信息更加丰富、多元。这些信息散落在整本书的各个章节、不同的语段中，又相互交错地形成庞大的信息网，这样复杂的文本环境，有利于培养学生信息提取、梳理、辨析与统整的能力。在一本书中，记叙、说明、描写、议论、抒情等表达方式，可能都会出现，而且是交替出现，这有利于提高学生的辨识能力。同时，学生集中一段时间专注于一本书，能够更好地建构阅读方法、锻炼阅读意志、养成阅读习惯。最可贵的是，整本书，尤其是经典的文学作品，它一定是高尚情感与优秀语言相统一的范本。经典中的遣词造句都是最为精确妥帖、最为上乘的语言。当一个人见多了经典，熟悉了经典中语言的运用方式，自然会不自觉地吸收纯正的语言。学生在长期阅读中，不仅会受到美好情感的教化，也会逐渐形成语文素养。

作为一名语文教师，有时我会陷入沉郁的阴霾中。我时常深入小学课堂，课间总爱和孩子们聊天，别看孩子们年龄小，也是有偶像的。我很好奇，问他们：“你们的偶像是谁？”“鹿晗啊！左手右手一个慢动作……”我笑了，“知道！Tfboys。”“老师，您还知道 Tfboys？”我点点头：“知道啊！很多学生都喜欢，老师也喜欢。我知道你们的偶像。你们知道我的偶像吗？”孩子们纷纷问：“是谁？是谁？”“老师的偶像不止一个，你们知道鲁迅吗？知道琦君吗？知道雨果吗？……”看着孩子们一知半解的样子，我陷入自责。作为语文教师，我们难道不该在阅读中让孩子们找到精神的偶像、灵魂的栖息地吗？我多么希望有一天，他们的偶像中也有那些文学大家、思想大家的名字。我多么希望有一天，他们喜爱的作品中，不仅仅是歌曲、电影，还有名著经典啊！学生是一张白纸，可塑性很强，我庆幸自己是一名小学语文教师，从现在做起，培养阅读者，正当时！阴霾退去，阳光洒向每一张书桌。

三、关于整本书阅读的几个追问

在做一件事情之前，我总是不断地思考，围绕着主题提出若干问题。我习惯自问自答，倘若答不出来，我会不断向伙伴、书籍求教，直至我能想明白了，才开始行动。所以，我的行动总有些慢。于是，我也在调整自己研究的节奏，理解了再去实践，在实践中加深理解，两条路径并行。现将整本书阅读在实践研究中的几个追问如实陈述，以记录思考的轨迹。

（一）什么是阅读的发动机

无论是家长还是教师，总是在抱怨，我煞费苦心地给孩子们买书，推荐书，让他们读书，但是，孩子就是不读啊！孩子为什么不读呢？为什么我们的孩子对游戏有着与生俱来的热爱，对阅读却没有呢？阅读能不能像游戏一样，让孩子们觉得有趣呢？阅读这件事情的原动力是什么？我在寻找阅读的发动机。

回想我们的生活，在什么情况下我们会主动地阅读？前不久，和一好朋友沟通整本书阅读的问题，他讲了一个例子，让我很受启发。朋友家的一个侄子，假期里看了一本书——《爱因斯坦传》。这是一本怎样的书呢，内容介绍是这样的：

爱因斯坦，举世闻名的德裔美国科学家，现代物理学的开创者和奠基人，他是科学的标志、天才的代名词。他的量子理论、相对论和宇宙学等理论，对近代科学的发展产生了极其重大的影响。建立相对论后一百年的今天，依然无人能够超越他的思想！本书立足于翔实的史实，配以丰富的照片和彩绘插图，首次披露爱因斯坦的私人信件、文稿以及珍贵私密照片，向读者勾勒出爱因斯坦伟大传奇的一生：他的个人生活，他揭开原子和宇宙奥秘的过程，他所拥护的道义、政治和自由精神……本书试图从人类文化的源头上探寻爱因斯坦思想、人格的精神底蕴，深刻解读这位影响20世纪历史文化进程的传奇人物。

看这简介，也许小学生不会感兴趣，但一位 12 岁的少年却读得津津有味。朋友觉得好奇，追问原因。孩子说："我起初就是翻翻，发现前面有很多爱因斯坦的照片，这些照片中，与爱因斯坦合影最多的人是他的表妹。我就想，他和他表妹为什么合影这么多？他和他表妹怎么样了？我就读啊，还真找到了答案。"朋友被孩子的话激发了浓厚的兴趣："他和他表妹怎么样了？""最终……您自己看呗！"孩子倒是会卖关子。"书里面有很多关于物理定理的内容，你读得懂吗？"朋友追问。"读不懂！我遇到这些内容就翻过去，我就看他的家庭生活，有他表妹的部分就多看看，很快这本书就看完了。"听完朋友讲述的故事，我豁然开朗，阅读的需求有多么的重要。需求——这不正是阅读的发动机嘛！

先不说孩子阅读这本书会不会断章取义，就这样一本对于小学生而言内容艰涩的书籍，孩子却因为要解开心中的疑问读完了。在阅读的时候，没有人告诉他这里要跳读，那里可以浏览、略读、速读，孩子却因为自己的阅读需求，选择恰切的阅读方式。需求，是阅读的动因，有了阅读需求，就能将被动阅读转化为主动阅读，就能将"让我读"转变为"我要读"。回想一下，我们让学生阅读整本书的时候，学生有真正的阅读需求吗？没有需要何来兴趣。

不同的阅读者在不同的情境中，阅读的需求也是不一样的。我的侄女最近在读《朝花夕拾》《海底两万里》《西游记》《城南旧事》《傅雷家书》《红岩》。问她为何要读，她的回答很干脆："老师要考啊！"这是为了考试而读，孩子不仅要读，还要读懂。这种需求，也是阅读的发动机，我们不用回避。前不久，我家上小学二年级的两个女儿在读杨红樱的《淘气包马小跳》，我问她们为什么读。她们的回答很有趣，"这本书在我们班很火，大家都在读呢！"

哦，与伙伴分享，因为“火”不想落队，也是阅读的需求。几位同学课间手捧《小兵张嘎》读得津津有味，边读边和同学探讨几句，走近他们听一听交流的内容，原来是要在联欢会上排一出情景剧《小兵张嘎》，于是就热火朝天地读起来……

以上学生的阅读需求不同，但是一旦有了明确的阅读需求，他们就会主动阅读，就会把阅读当成一件有趣味的事情。阅读的发动机就在这里！作为教师，我们首先要思考的，就是如何寻找、给予、激发学生的阅读需求，使学生主动地读起来。

（二）整本书阅读需要教吗

如何阅读一本书，这件事情有必要教吗？回想自己的学生时代，没有整本书的教学，我不是也会读书吗？回想老一辈的语文教育大家，又有谁学习过如何阅读一本书呢？他们哪一位不是读书万卷、学富五车呢？那么，整本书阅读还需要教吗？

我的回答是肯定的，整本书阅读需要教。这个“教”，不仅仅是教给学生阅读整本书的策略、方式，还包括以教学干预引发学生的阅读兴趣，培养他们的阅读习惯。

其一，阅读整本书，需要早起步。仍以个人成长经历为例：因小学阶段没有接触整本书的阅读，更没有系统学习过阅读方法，以致到大学真正接触阅读后耗费了我大量的时间和精力，马不停蹄地学习各种阅读方法，夜以继日地浸泡在图书的海洋中……但即便如此，依旧觉得自己的阅读太过浅薄。我很遗憾，怎么没在更小的时候就开始阅读，爱上阅读，并学会阅读呢？如果时光可以倒流，我真想在记忆的黄金期多读一些，再多读一些。反观自己的阅读经历，对于整本书的阅读最大的遗憾就是起步太晚，虽在大学时代终于与书相遇了，但是时间一去不复返，那些白白逝去的光阴又该怎么弥补呢？

我想，整本书阅读需要“教”的，不仅仅是阅读方法与技巧，更是对学生阅读意识和习惯的影响与培育。让我们从小学阶段就带着孩子们一起阅读吧，让孩子们从博览群书中获益良多！

其二，让学生在阅读实践中学会阅读。热爱阅读是在阅读中形成的，阅读者是在阅读中培养的，整本书的阅读策略是在阅读实践中内化的。阅读能力、阅读素养的形成，是在阅读实践中自主建构起来的。建构主义的理论，正是整本书阅读的理论根基。

建构主义最早的提出者可追溯至瑞士的皮亚杰。皮亚杰认为，儿童在与周围环境相互作用的过程中，逐步建构起关于外部世界的知识，从而使自身认知结构得到发展。儿童与环境的相互作用涉及两个基本过程：“同化”与“顺应”。同化是指把外部环境中的有关信息吸收进来并结合到儿童已有的认知结构中，即个体把外界刺激所提供的信息整合到自己原有认知结构内的过程；顺应是指外部环境发生变化，而原有认知结构无法同化新环境提供的信息时所引起的儿童认知结构发生重组与改造的过程，即个体的认知结构因外部刺激的影响而发生改变的过程。可见，同化是认知结构数量的扩充，而顺应则是认知结构性质的改变。儿童的认知结构就是通过同化与顺应过程逐步建构起来的。

建构主义正源自关于儿童认知发展的理论。建构主义认为，知识不是通过教师传授得到，而是学习者在一定的情境即社会文化背景下，借助其他人（包括教师和学习伙伴）的帮助，利用必要的学习资料，通过意义建构的方式获得的。换句话说，获得知识的多少、形成能力的高下，取决于学习者根据自身经验去建构有关知识的意义的能力，而不取决于学习者记忆和背诵教师讲授内容的能力。

反观我最初的阅读习惯：一定要从第一页的第一个字开始读到最后一页的最后一个字，必须一字一字地读完才可以。而后，我慢慢发现自己这样读起来太慢了，有些理论性的书籍，或者是书籍中有些章节需要进行精细化阅读；而有些书籍，不需要精细化阅读的，翻看即可，于是，跳读、略读、速读、浏览、回读等阅读策略，在一次次阅读实践中纯熟起来，逐渐内化为阅读能力。

由此可见，整本书的阅读不能是教师的纸上谈兵，不是教师告诉学生整本书在做内容检索时你可以先看目录、作者介绍、推荐语，根据你的需要跳读，直接进入某一章节，其他章节可以弃之不顾，这样学生就能够学会检索式的阅读。不是教师讲授给学生这些方法策略学生就会高效地读书，更不是教师告诉学生开卷有益是一件多么美好的事情，学生就会爱上阅读。无论是阅读的热情，还是阅读的能力，都是在阅读实践中逐步形成的。在学生阅读整本书的过程中，他们会发现方法、策略并加以运用，以促进阅读理解的深入。在潜心阅读的过程中，他们会沉浸在文学的世界里，爱上阅读。

（三）学生阅读的困难是什么

学生阅读的困难是什么？他们遇到的阅读障碍是什么呢？就在前几天，和一位教师聊天，他说自己最近太忙，没有时间看大部头的作品，这样的作品一旦打开就要读完的，可是战线太长，实在是没有精力了。于是，就读读散文集，读一篇是一篇，读到哪里是哪里，放下就放下，不读就不读，没有影响的。阅读一本书的时间相对较长，读完并不是一件容易的事情。在阅读过程中，成人都会遇到这样的障碍，何况我们的孩子呢？

观察过孩子们读书的教师都知道，孩子们遇到的阅读困难有很多。“读不完”肯定是不少学生碰到过的困难。读一整本书，尤其是厚一些的书，学生就会有畏难情绪。常常听到孩子们说：“这么厚啊，什么时候读完！”可是，打游戏的时候，一关一关地通关，谁也没有叫苦叫难啊！孩子们为什么会读不完呢？首先，“读不完”与学生的阅读需求有关。如果没有自发的阅读需求，而是漫无目的的被动阅读，确实是一件叫苦连天的事情，自然读着读着就放弃了。其次，“读不完”与学生的阅读意志有关。一本书的阅读要相对持续一段时间，这就需要阅读者能够在相对较长时间里坚持去做一件事情。

学生阅读的时候，还会遇到“读不懂”的困难。前几日，我给9岁的女儿推荐阅读《十五岁的小船长》。女儿翻了翻书说：“看不懂！不看了，我还是换一本吧。”“怎么看不懂呢？哪里看不懂呢？”我追问。“好多字不认识啊！还有他们说什么呢，我也不懂。”“看不懂”有诸多原因。比如，书籍中的内容距离学生的背景经验太远，或者书籍中有大量艰涩难懂的字词阻碍了学生的阅读。

“误读”也是学生阅读时会遇到的阅读障碍。学生的年龄小，对于大千世界的认识很有限，一本书中的内容可能包罗万象，在阅读时难免会产生误读。比如《水浒传》是我国人民最喜爱的古典长篇白话小说之一。它产生于明代，是在宋、元以来有关水浒的故事、话本、戏曲的基础上，由作者加工整理、创作而成的。全书以宋江领导的农民起义为主要题材，艺术地再现了中国古代人民反抗压迫、英勇斗争的悲壮画卷。作品充分暴露了封建统治阶级的腐朽和残暴，揭露了当时尖锐对立的社会矛盾和“官逼民反”的残酷现实，成功地塑造了宋江、鲁智深、李逵、武松、林冲、阮小七等一批英雄人物。小说故事情节曲折，语言生动，人物性格鲜明，具有高度的艺术成就。小学阶段的语文教材中就已经出现了《水浒传》的选文，也鼓励学生进行整本书阅读。男孩子似乎对《水浒传》有着与生俱来的喜爱。但是，学生在阅读时，对于作品的思想局限没有认识，他们也想和书中的英雄一样“忠义”“替天行道”“侠肝义胆”“除暴安良”。如果教师不进行干预与引导，学生的认识就可能出现偏差，甚至错误的认识会影响孩子的行为。因此，在进行《水浒传》《三国演义》的导读时，我们设计了“如何看待英雄”的阅读沙龙活动，就是在进行阅读引领，使学生对于英雄身上的特点有一个比较客观的判断，而不是一味地盲从，减少误读的可能。

了解学生在阅读整本书的过程中可能出现的困难、障碍，是为了更好地帮助学生克服困难。因此，在整本书阅读的全程指导中，相比知识、能力而言，我们更应关注学生在阅读中的真实感受与体验。教师可以问孩子“你读到哪里读不下去了？”“你读到哪里遇到了困难？”“觉得读不下去的原因是什么？”“哪儿最吸引你？”“你有什么疑问吗？”诸如此类的问题，以帮助学生走出阅读的困境，踏上阅读之旅。

（四）在校读与在家读有何区别

我相信培养学生的阅读习惯，鼓励孩子们多读书，读好书，这个观点大家是一致认同的。我们纠结的是，有没有必要拿到课堂中读？有没有必要教师指导？有没有必要占用我们这么宝贵的教学时间？在校读与在家读究竟有什么区别呢？

在生活中，我们自己读书的时候，有没有过这样的情况？读一本书，原本打开时是兴致盎然的，但是读着读着热度锐减，常常读了一半就合上了。回想我们读不下去的原因，或许是兴趣不浓了，或许是遇到读不懂的地方了，或许是兴趣被其他事物转移了，或许是一时忙，隔了几天再读就提不起精神了。我们成年人况且不能保证持续阅读的热情，又怎能苛求我们的孩子呢？

在这里我想先举两个例子。一位教师执教鲁迅先生的《少年闰土》，在临下课时对同学们说：“想知道二十年后我回到故乡再次看见闰土时的情景吗？”同学们异口同声：“想。”教师满意地点头，接着说：“那就利用课余时间读读鲁迅先生的《故乡》吧！”另一位教师执教萧红的《祖父的园子》，也是在课近尾声的时候说：“同学们，这篇课文就选自萧红的《呼兰河传》。萧红31岁时就永远地离开了人间。她经历了什么？在园子里又发生了什么事情呢？

有兴趣的同学请课下阅读《呼兰河传》。”这样的例子绝不少见。从中我们可以看出，教师有鼓励学生去读整本书的美好愿望，但是课下学生真的读了吗？读进去了吗？读出什么了？这些问题教师没有答案。如果我们仅仅是推荐孩子去读一本书，但没有关注学生阅读的全过程，也没能及时获取反馈，我们对学生阅读的真实状况就会一无所知。这样的阅读推荐，仅仅是走了个过场。

作为一位成熟的阅读者，我们知道，读书既可以享受一个人精神独立的阅读，也可以与其他阅读者分享共读一本书的乐趣。小学生作为初入门的阅读者，我们既要给孩子创造独立阅读的空间，也要引导学生与同伴分享阅读的快乐。彼此分享阅读的感受，这也是保持阅读热情的重要途径之一。独乐乐不如众乐乐，独阅读不如众阅读。生活中就有这样的例子，当您读的一本书恰巧另一个同事或朋友也在读，你们就会情不自禁地交流读后感，往往是越聊越起劲，“那个情节我怎么没注意到？”“那段的描写真是精彩！”“我怎么觉得这个人物不可爱呢！”带着这些思想的碰撞，您自然会渴望读下去。即便您没看过这本书，在旁边听别人聊得不亦乐乎，相信您也想要一睹为快了。就是这么简单，分享是一种激励，分享点燃阅读的热情。

我们将整本书阅读放置在课堂教学中，师生间、生生间，拿出时间共读一本书，是保持阅读热情的有效方式。就像台湾儿童文学作家方素珍说的：“一个人静静地读一本书，是一条线，是自己原有经验加上解读书籍所得的新经验；两个人讨论一本书，是一个圆；一圈人讨论一本书，是一个球，不但能听到除自己之外的第二种看法，还可能有反面的看法、侧面的看法。”正是在分享中，学生读的兴趣被点燃，并在不断的交流中保持这份持续阅读的热情。

当然，在校读与在家读的区别，不仅仅是分享阅读感受，以激励学生持续阅读。叶圣陶先生说：“在阅读一事的本身，教师没给一点儿帮助，就等于没有指导。”可见在叶老心中，阅读指导是很有必要的，无论是单篇课文，还是整本书。既然将整本书的阅读拿到课堂教学中进行指导，这里的整本书的阅读就赋予了一定的教学价值。我们的指导不仅是让学生爱读，还要让学生会读。比如，阅读一本书的时候，我们的孩子是否知道可以从封面、作者介绍、扉页中的内容、目录快速地进行信息检索，把握住“这本书大致写了什么”；学生是否能判断这是一本文学性书籍还是实用性书籍，从而选择恰当的阅读方式；学生在阅读小说时是不是知道情节是小说最大的内容，他们能否通过情节的重构读出人物形象与情感认识。具体到小说的类型，不同类型的小说读什么，怎么读？整本书的阅读走进课堂，也要合宜地给予学生必要的阅读策略与方法。以有限的课堂阅读时间，使学生获得阅读整本书的能力，这样才能让学生在无限的课外阅读中徜徉。

我真的期望，有一天孩子们捧读经典的时候，我问他们“你是在读这本书吗？”他们回答的是“我是再一次读这本书”。读好书，好读书，反复地读，越读越有味道，这会是一种多么美妙的境界啊！

（五）是“以儿童为中心”，还是“以成人为中心”

在整本书阅读的研究过程中，老师们进行了大量的教学实践。有的课上起来学生兴趣盎然，孩子们真想一口气把书读完；有的课上起来则索然无味，教师讲得口干舌燥，学生感觉自己是在受罪，甚至再也不想读这本书了，这是为什么呢？

我以为，这是整本书阅读教学中阅读主体如何定位的问题。也许，您觉得这并不是问题，当然是以儿童为阅读主体。我们的认识没有偏颇，但是我们的教学行为却与“以儿童为中心”的阅读背道而驰。儿童读什么书，成人告诉你，替你选择；儿童怎么读书，成人指导你如何去读；儿童从书中读出了什么，成人要求与自己读出同样的内容与高度，甚至儿童要每天读几页，都是成人规定了数量。一位年轻教师很有研究整本书阅读的热情，他找到我，让我看了自己设计的导读单，一本《鲁滨孙漂流记》设计了整整十几页的练习题，有抄写句子、有批注、有画图、有写感受。教师要求学生每天读完一定内容后就填写学习单。我和这位教师交流时，提出了自己的想法。试问，一个成年人是这样读书的吗？如果我们读书时被人为干预得这么多，附加了那么多的阅读任务，你还有欲望读吗？读书，是一种放松与享受，尽可能地还原一个自然的阅读状态，才能静静地读下去。如果换个角度，我们在学生阅读的过程中，与他们探讨一些具有思辨性的话题，是不是会促进他们深入阅读？在孩子读书的过程中，我们多关心一些学生的阅读体验，比如“你读到哪里遇到了困难？”“你读到哪里觉得枯燥，读不下去了？”“你读到哪里觉得自己读不懂了？”“你读到哪里觉得特别有意思？”类似这样的关注，学生会不会读得更加轻松？

整本书的阅读不能功利化，不能成为孩子又一个提高语文成绩的训练工具。读整本的书，应该是学生自发的、自愿的、有自主权的行为。作为教育者，我们既不能撒手不管，也不能越俎代庖。阅读指导要遵循学生的认知规律，尊重学生的个性体验，“导”要有度，将只重视学生的阅读行为转变为关注学生的实际获得，以儿童的立场研究儿童的阅读。

（六）是“一锤子买卖”，还是“循序渐进”

听过几节整本书阅读的导读课，大多是以学生并没有读过的书为基础，教师进行导读，使学生大致了解书中的人物关系、故事情节，再进入几个重点情节细读，最终鼓励学生课后把整本书读完。接下来学生读没读、有什么感受，就没再过问。我以为这样的导读只是一锤子买卖。似乎上完这节课，学生就一定会把书读完，一定会读有所获。我并不认为一节导读课就能发挥这么大的作用。

结合成人的阅读经历，我们知道读一本书，尤其是一本比较厚的书的时候，能不能坚持读下去首先是个问题。学生的阅读，最先遇到的困难就是没有兴趣把书读完。这种兴趣，最初来自教师的“导”，引发阅读热情，而后要将兴趣转化为阅读中的体验、思考中的快乐，才能成为持续阅读的内驱力。这使我想到了自己俩女儿的阅读经历。刚上小学时，我给她们买了不少的书。起初，总是我威逼利诱地让孩子读，常常问她们这本书读完了吗？看到孩子们的表情，显然是搁置了。于是，我改变了指导的策略。我手捧《木偶奇遇记》读起来，并向孩子们推荐这本书很有趣。女儿们将信将疑，开始翻看。当孩子看了一段时间后，我就和她们交流：“你喜欢匹诺曹吗？”老大回答：“喜欢，但是我可不能像他一样贪玩。我可不想长长鼻子。”孩子们又读了一段时间，我又和她们聊：“书中有好玩的事情吗？给我讲讲呗。”孩子们兴趣盎然地讲给我听。一本书读完了，我翻看她们手中的《木偶奇遇记》，发现书上有彩笔勾画的各种标志，圈圈、曲线、小泡泡，我又问她们：“画这些做什么？”老二说：“这是我的记号，有好玩的地方就画下来。”我问她：“这本书你怎么一口气就把书读完了？还记下了这么多的标记呢？”她说：“因为好看啊，书里的故事特别有意思。我画下记号，是为了跟您聊书的时候，我能把有意思的内容讲给您听。”一个小孩子的阅读体验启发了我，读书的内动力是读中思考、感受的快乐。如果说，打开一本书的兴趣是老师点燃的，那么长此以往地读下去、读进去的兴趣必须源自学生的内心。尤其是这本书中的情节、人物、情感要与学生自己的生活、情感发生联系、产生共鸣，这本书才会对他产生影响！而这需要一个教师不断的关注。在导读后，我们要关注学生阅读的进展，要能给孩子的阅读进行及时的反馈，发现他们阅读的困难点、兴趣点等，进而进行过程性的引导。这样的全程指导，不是一锤子买卖，而是要循序渐进。

因此，我们主张将整本书的阅读分为几个阅读阶段，不同阶段有不同的目标，循序渐进地进行整本书的阅读指导，在一个相对长的时间里持久地阅读，不但能形成阅读的习惯，也能在一定长的时间内习得一定的阅读策略，形成阅读能力。

（七）如何选择适合学生阅读的书目

有人说“开卷有益”，有人说“开卷未必有益”，这与选择的阅读读物的品质有着直接的关系。

目前，国内有几百家出版社出版儿童读物，每年出版的儿童读物有数万种，在令人眼花缭乱的少儿图书中，如何选择适合学生阅读的书目呢？这是老师、家长、学生都关心的问题。我建议可以从以下几个方面进行书目的选择。

1. 以教材为依据选择

现在全国小学使用的“统编版”语文教材尤其重视课外阅读。教材中推荐了课外阅读的书目。在“统编版”教材中，一年级出现了“和大人一起读”的栏目，二到六年级出现了“快乐读书吧”的栏目。如“统编版”教材二年级上册在“快乐读书吧”中推荐阅读的《小鲤鱼跳龙门》《孤独的小螃蟹》《一只想飞的猫》等，三年级上册在“快乐读书吧”中推荐阅读《安徒生童话》《稻草人》等，四年级上册在“快乐读书吧”中推荐阅读《山海经》，五年级上册推荐阅读《中国民间故事》，六年级上册推荐阅读《童年》等。这些书目仅在栏目中出现，但是教材中并没有相关作品的单篇节选课文。

而另外一类书目，则恰恰是教材中既有整本书的节选课文，又推荐阅读整部作品。比如“统编版”教材在五年级下册教材中学习课文《摔跤》，六年级上册推荐阅读整本书《小兵张嘎》；“统编版”教材在六年级下册推荐阅读《鲁滨孙漂流记》《骑鹅旅行记》《汤姆·索亚历险记》，在教材中就安排了整本书的节选进行阅读。

教材中既有整本书的单篇节选课文，又推荐了此部作品，这样的书籍是一定要读的。整部作品是学生阅读单篇课文时的资源、背景，读单篇与读整本结合起来阅读，实现了课内外阅读的一体化。教材中以栏目形式推荐的书籍，也要引导学生进行阅读。我们会发现，这些书籍不仅是儿童文学中的经典，也会和教材中的某个单元主题或者语文要素相呼应。比如，“统编版”教材三年级推荐阅读《安徒生童话》《稻草人》等，这个单元的人文主题就是“童话”，语文要素是感受童话丰富的想象，试着自己编童话，写童话。学生在教材单篇中感受到童话的特点，而后在课外阅读中加深对童话特点的感受。在这样的一来一往中，“童话”作为一个支点，将课内外阅读关联起来，学生在课内得法，迁移到课外阅读，课外阅读又是课内阅读的有益补充。

2. 以儿童为中心选择

阅读者是孩子，就要以儿童的视角进行选择。想一想，儿童喜欢读什么样的书籍，什么样的书籍适合儿童阅读。儿童阅读的第一个困难，就是读不完，要想保证读完，所选择的书目首先不要有太多的语言障碍，生僻词句越多的书籍，孩子越没有兴趣阅读。其二，情节要引人入胜。孩子是天生喜欢读故事的，故事越是情节曲折、紧凑、有趣味，孩子就越喜欢。这样的书籍，我们可以选择推荐。

以儿童为中心进行选择，还要考虑孩子的年龄特点。低年级的学生识字少，生活积累十分有限，阅读时就可以选择带有拼音注音的读物，或者绘本，降低阅读的难度。在内容的选择上，可以读那些与校园生活更贴近的作品，学生更乐于接受。这其中有西方的经典作品：《猜猜我有多爱你》《逃家小兔》等，也有国内优秀的原创绘本作品，例如由余丽琼、朱成梁共同完成的《团员》；由张晓玲编写，明天出版社出版的《躲猫猫大王》等；还有很多低年级学生喜欢的书籍，比如孙友军的《小猪唏哩呼噜》《小布头奇遇记》、汤素兰的《笨狼的故事》、杨红樱的《笑猫日记》，等等，这些书籍都可以鼓励学生读一读。

随着年龄的增长，孩子升入中年级，在书籍选择上我们鼓励学生渐渐脱离拼音读物。中年级的学生可以读童话、神话，也可以尝试着读一些情节比较简单、主要人物鲜明的小说。如中国著名儿童文学家张天翼的《宝葫芦的秘密》《大林和小林》、管桦创作的《小英雄雨来》，等等。进入高年级，学生知识面、理解力都有了显著的提升，他们能够阅读的作品更是异彩纷呈。

3. 以价值为核心选择

以价值为核心进行选择，第一，是指这本书的文学价值。我们所选择的书籍，既要是学生喜欢读的，也要是经典之作。经典作品，不仅是人类思想的精髓，而且是优秀语言的范本。学生多亲近这些作品，在陶冶情操的同时，也会受到纯正语言的熏染，获益良多。像我们熟悉的四大名著《红楼梦》《三国演义》《西游记》《水浒传》。第二，是指这本书的思想价值。比如，红色经典阅读，《小英雄雨来》《铁道游击队》《小兵张嘎》等，阅读这些作品能让孩子们了解革命历史，为祖国的成长感到自豪。当然，一部经典的作品，一定是文学价值与思想价值的高度统一。

4. 以类型为角度选择

我总在遗憾，即使生命不断延长，也无法读完世界上所有的经典。更何况是在小学阶段有限的时间内。整本书的阅读，我们要激发学生对阅读的热爱，唤起阅读期待，开拓阅读视野，提高阅读能力。在书目的选择上，可以根据书的类别进行划分。读一本书，打开一类书的阅读视角，就如同交给了孩子一把阅读的钥匙，去开启一扇扇的阅读之门。比如“绘本”“童话”“小说”等。在每一个大的类别中也可以分类。比如小说中可以读传奇小说、成长小说、科幻小说、红色经典等。

四、整本书阅读的全程指导

关于整本书阅读的全程指导，从两个方面谈起：第一，全程指导的目标；第二，如何进行全程指导。

（一）全程指导的目标

研究过一些整本书阅读的课例，有教学设计、有现场教学，总是觉得和理想中的整本书阅读有些差距。这些课例有共同之处：诸如入课时一定是看封面，从中能知道哪些信息？学生无非知道了书名、作者、出版社，以及一些简单的对于此书的评论；而后是介绍勒口、扉页、封底，了解各自的内容；接下来进入整本书的阅读，阅读时教师通常给予学生一些书中的精彩情节，学生读后发表感想，教师设置悬念，还想了解吗？那得自己去读，这里不做解答；接着，再给予一些情节，再读，再设置悬念，再鼓励学生自己去读；临近下课，教师大多会问学生，没有读过的学生想不想读一读这本书？读过的学生想再读一遍吗？于是，孩子们配合地点头，一节课就这样愉快地结束了。

在小学阶段，在有限的课堂教学中，教师引导孩子进行整本书的阅读，阅读的目的究竟是什么？仅仅是程序化地认识封面、勒口、扉页，仅仅是顺着情节进行故事内容的梳理吗？只有目标明确，才能进一步研究如何达成目标。

此时，恰巧读到了美国艾德勒与范多伦所著的《如何阅读一本书》，这本书中的一些观点，给了我们重要启发。书中写道："拿同样的书给不同的人阅读，一个人却读得比另一个人好这件事，首先在于这个人的阅读更主动；其次，在于他在阅读中的每一种活动都加入了更多的技巧。这两件事是息息相关的。阅读是一个复杂的活动，就跟写作一样，包含了大量不同的活动。要达成良好的阅读，这些活动都是不可缺的。一个人越能运作这些活动，阅读的效果就越好。"这段话提示我们：首先，阅读的主动性既是整本书阅读的基础，也影响着读的质量。其次，阅读中的技巧、策略，既有助于读懂一本书，也有助于形成阅读能力。策略、能力、习惯的获得，就蕴含在整本书的阅读过程中，教师需要思考的是如何让学生发现、获得、运用。

结合“立德树人”的根本任务以及整本书阅读的特点（参见第二章《为什么阅读整本书》），研究团队将小学阶段整本书阅读的目标定位为：点燃阅读的热情，在整本书的阅读过程中促进学生发展（包括策略的获得、能力的提高、素养的形成、习惯的培养等），最终，使孩子成人（即“立德树人”中大写的“人”）。

（二）全程指导的过程

在“关于整本书阅读的几个追问”一章中谈到过，整本书的阅读绝不是一锤子买卖，而是一个循序渐进的过程。过程大致分为三个阶段。第一阶段，读前导读，重在“温度”与“角度”；第二阶段，读中推进，重在“热度”与“深度”；第三阶段，读后分享，重在“高度”与“广度”。

1. 第一阶段——读前导读

第一阶段，读前导读，重在“温度”与“角度”。

点燃阅读热情，激发阅读期待，使学生主动地阅读，这是读前导读的重要目标之一，即“温度”。在导读阶段，仅仅有“温度”是不够的，还要关注阅读的“角度”。何谓“角度”？由于每一本书的作者不同，主题不同，风格不同，特点不同，诸多的不同使得每一本书都成为独特的“这一本”，即便是在某一方面与哪本书有相似的地方，也如同两片“一样”的树叶，绝不“一样”。因此，教师在进行整本书全过程指导设计时，首要的是找到“这一本”的灵魂，深钻“这一本”的文学价值，取出书中最具特色的阅读视角，既为学生深入阅读“这一本”打开一扇窗，也为学生今后阅读同一类型的书籍拓宽一条路。

举个教学实例来说，教师在执教《最后一头战象》一书的导读时，精心选取了几个故事情节，引导学生在自主阅读中发现这本书的阅读视角。

节选一 《象冢》片段：

在所有年轻的公象中，它最喜欢隆卡。也许隆卡与它有着父子血缘关系，不过，野象社会里是没有父亲这个概念的，当然也不可能有什么父爱的天性。但它确确实实对隆卡有一种特殊的感情，这种感情早在二十多年前隆卡出生的那一天就滋生起来了。

……

巴娅虚弱地靠在榕树上喘息。它茨甫得意极了，让乳象骑在自己的鼻端，小家伙像只松鼠似的“吱吱”乱叫，猪嘴似的可怜的短鼻和柔嫩的蹄子顽皮地在它鼻子上乱搔，痒酥痒酥的。突然间，它心里涌起一股无端的柔情，一阵奇异的快感，一种从未体验过的喜悦……

节选二 《象冢》片段：

正巧，隆卡刚好卷着一只蜂窝，出现在坑沿。四目碰撞，它茨甫的心顿时凉成冰块。要是没有隆卡这家伙蛮横地夺走它的王位，它相信，自己不会这么早就得到死讯的。虽然它已经活了六十个春秋，但亚洲象的寿命有高达八十岁的。它是被气死的，被痛苦折磨死的。

瞧，隆卡这家伙的眼光里透射出骄傲和得意，蒲扇似的耳朵也在幸灾乐祸地扇动。年轻轻就登上象王的宝座，它当然要得意。它茨甫怒视着隆卡，隆卡却并不在意，长鼻一扬把蜂窝扔下来。黄澄澄的蜂蜜流在它茨甫脸上，飘起一股清香，它舔了舔，却品出无限的苦涩味。

教师先出示了以上两部分节选，请学生自主阅读，交流体会。学生从情节中发现了两头象之间是父子关系，但是在争夺象王宝座时却相互残杀，互不相让。孩子们感到疑惑，为什么是父子关系还要厮杀呢？教师趁势点拨：“这就是动物世界本来的样子！沈石溪的动物小说，向我们展示了动物世界的本体形象，带我们领略了神奇的动物世界。”

同时，孩子们还发现，动物之间也有类似人一样细腻的情感，比如，它茨甫对隆卡的喜爱，这是父亲对儿子的爱。教师及时鼓励学生的发现：“沈石溪动物小说中反映了动物世界的自然状态，同时也表现出它们内心复杂细腻的情感，深深震撼着我们。”

接着教师再次出示小说的节选。

节选三 《给大象拔刺》片段：

一个多月后的一天下午，我又从那条路走过。突然，“咚”的一声，一只比冬瓜还大的野蜂窝掉在我面前，里头蓄满了金黄色的蜜蜂。我抬头一看，哦，是曾经绑架过我的那家子象，站在路边的草丛里，朝我友好地扑扇耳朵挥舞鼻子。显然，这只野蜂窝，是它们付给我的医疗费。

小象还欢快地奔到我面前，柔软的鼻子伸到我的鼻子上来。人和人表示亲热，是彼此伸出手来握手；象和象表示亲热，是鼻尖和鼻尖钩拉在一起握鼻。可惜我的鼻子只有一寸高，没法和它握鼻。

节选四 《愤怒的象群》片段：

我想，全寨子所有的人此时此刻也都在感到困惑。戛洛象群可以说和我们曼广弄寨子是和睦相处的邻居，一根半治理有方，象群从不偷吃庄稼，也从不到寨子里来捣乱，而我们即使在路上面对面遇见象，也不会射杀伤害它们。可以这么说，曼广弄寨子和戛洛象群共同拥有这方山水，是和平共处的典范。

邻居怎么突然就翻脸了呢？

火光中，一根半扬起鼻子，一步一步走上前来，粉红色的大嘴里发出一声比一声响亮的吼叫，两只象眼里小溪似的淌着两股泪水，显得异常悲愤。它不断地摇晃着那对长短不齐的象牙，向我们示威。

教师引导学生阅读这两处节选，请孩子们思考，又读出了什么？发现了什么？引发了怎样的思考？学生发现，《给大象拔刺》中大象与人的关系十分友好，大象是温顺的动物。但是，在《愤怒的象群》中大象对人不友善，大象为什么会对人类有截然不同的态度呢？学生的这些思考，教师没有解答，而是请学生阅读整本书，之后大家再进行交流。同时，教师引导学生比较前两个内容节选与后两个有什么区别。学生发现，前两个节选中，是在写大象的世界，而后两个片段中写了人与大象的关系。教师顺着学生的发现总结：“沈石溪的动物小说就是向我们展现了动物的世界，读动物小说就能让我们了解那些我们并不熟悉的动物的生存方式，走进它们的世界。同时，透过动物世界我们似乎看到了人类的情感，这也是沈石溪动物小说的又一个特点。凶猛的动物也有柔情，温顺的动物也有情仇，这样复杂的情感就在动物世界中，这样复杂的情感也在人类世界中，看着斑斓的动物世界，会引发我们对人类世界的思考。正如沈石溪所言：‘动物小说折射的是人类社会。动物所拥有的独特的生存方式和生存哲学，应该引起同样具有生物属性的人类思考和借鉴。可以这样说，我是为生命而写作。’”

至此，教师一边与孩子共读分享，一边提炼出阅读沈石溪动物小说的“角度”，即走进动物的世界、体会复杂的情感、反观人类社会……当然，阅读这本书的“角度”还有很多，学生会在自主阅读中不断丰富阅读的视角，不断积累阅读体验。在本节导读课中，教师抓住了沈石溪动物小说最主要的阅读视角，启发学生从这些角度出发，进一步深入阅读。我们试想，当学生站在动物小说的立场去读动物小说，就能将这本书读得更加有深度。学生阅读了《最后一头战象》，再去读《狼王梦》《斑羚飞渡》等动物小说的时候，就会自觉地按照动物小说的方式去读，形成正确的阅读取向。

冯骥才的传奇小说《俗世奇人》，虽然与前一本同为小说，同样是面对高年级的学生进行整本书的导读，教师所选取的阅读角度却截然不同。教师启发学生在读冯骥才的《俗世奇人》时，可以关注“奇人”的形象，想一想“奇”在哪里？可以关注“俗世”也就是旧时天津卫码头是一种怎样的社会环境？想一想为什么在这个地方在这个时期，出现了“奇人”？“俗世”与“奇人”究竟有怎样的关系？可以关注冯骥才先生是怎样刻画奇人形象的，又是怎样写这类传奇故事的……冯骥才的传奇小说，教师导读时，就是重在引导学生感受奇绝的故事中塑造的奇人形象，并通过奇人形象了解当时的社会现状。这不正是《俗世奇人》这本小说独特的文学魅力吗？

在实践中，我们选取的整本书均为文学作品，有小说、散文、童话等。小说是整本书阅读的主体，因此选取的小说比重相对较大。但是，即使是小说，也涵盖了不同的类型。不同文体的作品，同一文体中不同类型的作品，阅读的视角是什么？以小说为例，传奇小说读出故事的曲折、人物形象；动物小说读出动物世界，反观人类情感；成长小说读出变化，走进心灵；幽默小说读出语言的魅力，幽默背后的思考；科幻小说关注想象等。我们力求在整本书第一阶段的导读中，引导学生去阅读这本书中最具价值、最有特点的内容。孩子可以通过阅读一本书或是几本同类型的书，感受到这一类作品的一些共同特点，具有阅读这一类作品的初步能力。

2. 第二阶段——读中推进

第二阶段，读中推进，重在“热度”与“深度”。

“水尝无华，相荡乃成涟漪，石本无火，相击而生灵光。”阅读需要交流，交流能够促进思想的碰撞和升华。在第一阶段导读，点燃学生的阅读热情，打开阅读角度的基础上让学生进行自主阅读，此时孩子们对于这本书有了更多的了解与感受，第二阶段读中推进的阅读课，就需要及时跟进。

“热度”来自学生对阅读文学作品的热爱，越读越觉得读书是一件有趣的事情。要想激起学生对于阅读文学作品的热爱之情，这就与阅读的“深度”有关。读有“深度”，可以是对内容的深入理解，可以是对情感的深入体会，可以是认识上的提升，也可以是思维上的发展等。学生读得越深入，就会越喜爱，越喜爱，就越发促进了阅读思维的发展。这是一个互促发展的过程。

这里需要进一步提示的是，第一阶段导读的“角度”，往往是第二阶段中“深度”的基础。也就是说，这部作品的文学价值，既是激发学生热爱文学阅读的基点，也是学生阅读整本书走向深入的生长点。

以《城南旧事》一书的全程指导为例。在第一阶段导读课时，教师请学生根据自己的兴趣从《城南旧事》的几个故事中任选一个进行分组阅读。学生分成了《冬阳·童年·骆驼队》《惠安馆》《我们看海去》《兰姨娘》《驴打滚》《爸爸的花落了》六个阅读小组，阅读后进行集体交流。交流时，教师首先引导学生关注每个故事中，英子看待事物与成人看待同一事物的区别，即本部作品的儿童视角。比如，小英子看骆驼咀嚼都发呆了，特别可爱。

我站在骆驼面前，看它们吃草料咀嚼的样子：那样丑的脸，那样长的牙，那样安静的态度，它们咀嚼的时候，上牙和下牙交错着磨来磨去，大鼻孔里冒着热气，白沫子沾满胡须。我看得呆了，自己的牙齿也动起来。

围绕着这个情节，学生发现小英子看骆驼看得着迷了。但是，爸爸对骆驼不关心，一心想的是讲价钱。

围绕着“为什么要系一个铃铛？”爸爸认为骆驼很怕狼，因为狼会咬它们，所以人类给它们戴上了铃铛，狼听见铃铛的声音，知道那是有人类在保护，就不敢侵犯了。英子觉得不是，她认为是拉骆驼的人类耐不住那长途寂寞的旅程，所以才给骆驼戴上了铃铛，增加一些行路的情趣。

而后，学生在交流《惠安馆》《我们看海去》《兰姨娘》《驴打滚》《爸爸的花落了》这几个故事时，都有这样的发现。接下来，教师又引导学生将几个故事的结局进行比较阅读，学生进而发现，这几个故事的结局都是分离。到此，第一阶段的课告一段落。课后，学生自由阅读其他故事。

第二阶段的推进课，教师设置了谈书主题“你是怎样看待童年的？你是怎样看待离别的？”有的学生结合《城南旧事》的内容，结合自己的生活经历，谈到了儿童世界中的儿童眼光与成人就是不一样的。比如，英子这么一个聪慧的女孩子，她就不理解成人口中的疯子、贼子。书中就写了：“你们又常常说，哪个是疯子，哪个是傻子，哪个是骗子，哪个是贼子，我分不清楚。”学生也结合自己的生活，谈到了自己和家长之间在认识事物上的分歧。有的学生结合自己即将小学毕业，结合故事中的几次分别，谈到了自己对于离别的理解。孩子们甚至说道：“成长往往蕴含在离别中，一次次地分别，一次次地成长。”回看这两个阶段的课，每一个阶段的阅读都围绕着这本书的文学价值展开。第一阶段导读课中的阅读“角度”，即“儿童视角”恰恰成为第二阶段推进课中的议题，为第二阶段阅读的“热度”打下基础。这样进阶式的阅读，才能将学生的理解、情感、认识、思维等引向深处。

再如《俗世奇人》一书的全过程指导。第一阶段导读课中，教师围绕着一个“奇”字，和学生一起分享奇人的故事，惊叹于奇人奇绝的本事，而且触摸冯骥才先生写传奇故事的“女娲的手”，即传奇故事情节的一波三折。课下，学生顺着这样的阅读视角进行自主阅读。在第二阶段推进课时，教师先请学生畅所欲言阅读整本书的感受，有的学生谈到了奇人的奇绝手艺真是让自己惊叹不已；有的同学谈到了奇人的性格、脾气也是各色；有的同学谈到了奇人总是有与众不同的规矩；也有的同学提出了疑问，为什么码头上的人手上必须有绝活呢？在大家自由交流后，教师抛出了本节课的议题：“正像大家交流的这样，我们阅读了每一个故事，会发现每个故事都很有特点。每个故事不同，故事中的人物也不同，那么，冯骥才先生为什么会把这些人物的故事收录在一本书中呢？”学生通过将不同的故事进行联系比较，发现冯骥才先生刻画了天津卫水路码头的众生相，描绘了天津人的集体性格，发现了冯骥才先生创作这本传奇小说的创作意图。

第二阶段的推进课，是全程指导中关键的一环。听过很多节整本书阅读课，老师们热衷于上导读课，往往是上完导读课，就将这本书放下了，而忽视了阅读过程中推进课的作用。或许老师们认为，导读课激发了阅读期待，学生课下就可以自主阅读了。其实不然！学生是否读了、是否读出了感受、是否读中有思、是否存在着误读等，都需要我们进一步引导。一个人阅读习惯的养成别无他法，只有不断地实际操练。正如有人说的，水滴石穿，不是水的力量有多大，而是水滴坚持的结果。简单的事情重复做，你就成了专家；重复的事情认真做，你就成了赢家。要让学生成为阅读者，成为赢家，就要关注学生阅读的全过程，在一个又一个完整的阅读过程中反复实践，唤起他们对文学经典的感受、兴趣、喜好，启迪他们的思维，把阅读行为内化为习惯。

3. 第三阶段——读后分享

整本书阅读第三阶段，读后分享，重在“高度”与“广度”。一部经典作品值得反复阅读，常读常新。有些作品，在学生阅读完整本书后，我们进行了第三阶段的分享课。分享课重在“高度”，即站在赏的角度请学生根据自己的喜好对作品进行评价。与此同时，引导学生将阅读的作品与自己的生活进行对接，拓宽认识的“广度”。

例如，学生阅读完《俗世奇人》一书，教师就设计了给这本书写腰封的活动。用这样的形式，促使学生反观这本书作出评价。而后，教师还推荐了冯骥才的散文集以及其他的小说，以一本书走进一位作家、走进一系列的作品。又如，学生阅读了《绿山墙的安妮》一书，教师设计了创意书签的活动，学生结合安妮的故事与自己的经历，写下了专属于安妮的书签。教师又带领学生读安妮系列作品，拓宽了学生阅读的视野。

在第三阶段的分享课中，要特别关注作品与学生之间的关系。回想我们的阅读生活，是不是有这样的现象。有的书籍读完之后，久久不忘，甚至在以后的某一天突然想起，又对自己产生了新的影响。而有的书籍，我们读了就忘记了，这本书我们再也想不起来。那么，怎样的书籍会对我们产生影响呢？往往是那些与我们自身能产生联系的书，是那些能与阅读者的经历、情感等产生链接的书。一旦书中的内容与阅读者找到融合点，阅读这本书的感受、经验就会被阅读者内化，成为阅读者思想、情感、认识的一部分了。

以上全过程阅读指导，在这里需要进一步说明的是，三个阶段并不固化。

第一，教学时长不固化。

每一个阶段可以是一个课时的教学，也可以用几个课时完成，同时具体到一个课时的时长要根据学校的课程设置，教师的目标设定，学生的阅读需求灵活安排。换言之，三个阶段的阅读指导并不等于就是一个阶段上一节课，三个阶段对应着三节课。比如《西游记》我们设计了 9 个课时，分别为“你不熟悉的《西游记》”“金箍棒，非你莫属”“和孙悟空旗鼓相当的对手”“执着的妖精——白骨精”“难借的芭蕉扇”“行者行医”“回望唐三藏”“可气可爱的猪八戒”“常读常新的《西游记》”。其中，“你不熟悉的《西游记》为第一阶段的导读课，为 1 课时；“金箍棒，非你莫属”“和孙悟空旗鼓相当的对手”“执着的妖精——白骨精”“难借的芭蕉扇”“行者行医”“回望唐三藏”“可气可爱的猪八戒”为第二阶段推进课，合计 7 课时，“常读常新的《西游记》”为第三阶段分享课，1 课时。再如，《水浒传》的全过程指导，也是设计了 9 课时，分别为“你心中有个怎样的‘花和尚’”“为什么他是领袖”“逼上梁山的代表”“脍炙人口的‘武松打虎’”“可爱又可怕的黑旋风”“曲折的‘招安路’”“以智取胜——从生辰纲开始”“忠诚和自由——英雄们的结局”“水浒中的‘迷信’”。《三国演义》《红楼梦》也分别设计了若干课时，在这里不再一一列举。

第二，教学程序不固化。

整本书阅读教学要为了实现目标进行系统安排。比如，进行《安徒生童话》的全程指导，教师发现学生对于故事的内容很熟悉了，教学时就跨过第一阶段，直接进入第二阶段的推进阅读，关注孩子的阅读体验与理解的深度，抛出了几个议题进行交流，“小人鱼化成泡沫值得吗？”“生活中你见过丑小鸭吗？”等。也就是说，三个阶段的阅读课，可以顺阶而导，也可以跨阶进行。有的书籍，内容熟悉，则可以根据孩子的阅读实际需要，直接进入第二个阶段甚至是第三个阶段的阅读。有的书籍，不需要进行第三阶段的指导，也大可以不进行第三阶段的指导，或者将第二阶段与第三阶段融合在一起进行。

第三，教学形式不固化。

三个阶段的阅读课在教学形式上并不一定以“课”的形式呈现。比如，可以开展丰富多彩的阅读活动。一位教师在执教《小兵张嘎》一书的全过程指导，第一阶段的导读课是以课的形式进行的，第二阶段的阅读推进，则以活动“排演小兵张嘎的舞台剧”展开。学生在改编剧本，表演的过程中，深化了对小兵张嘎人物形象的认识，激发了阅读红色经典的兴趣，思想情感也受到了洗涤。在教学实践中，教师以活动为载体，进行整本书阅读的推进工作起到了良好的效果。比如，戏剧排演、读书沙龙、读书漂流等。

教无定法，有规可循，整本书的阅读也是如此。为了达成培养阅读者，立德树人的目标，我们需要跳出“课”的概念，树立“课程”的观念，将阅读看成课程建设的一部分。因此，全程阅读指导更需要教师尊重学生的实际情况，也要结合教师自身的阅读基础，进行个性化设计。应该说，从某种意义上讲，整本书的阅读全程指导是这个阅读群体的“私人订制”。

五、整本书阅读策略

有些家长总是问我："老师，我们家孩子也不少读书啊，怎么阅读成绩上不去？""老师，我们孩子读的书挺多的，阅读能力还是不行！"诸如此类的问题，您也可能困惑过。在实际生活中，我们会发现，读的量多不见得就一定读的质高。那么，孩子的阅读能力发展与什么因素有关呢？比如，阅读的结构是否合理？有些孩子虽然读得多，但是大都为漫画类作品，这显然对发展阅读能力无益。有的孩子读了不少书籍，但是仅仅是粗粗看过，读中不思，读后无感，自然阅读的效果也不佳。PISA 结果表明，对有效学习策略的知晓过程与阅读精熟度水平有很强的联系，读得多但是不知道哪些阅读策略更有效的学生，成绩不如那些读得少但却知道哪些策略有效的学生。可见，阅读者会使用阅读策略，选择适宜的阅读策略进行阅读，能提高其阅读的品质，反之，则影响其阅读的效果。那么，学生在阅读时要掌握哪些策略助力阅读呢？我研读了聂震宁老师的《阅读力》与周步新老师主编的《小学适性阅读策略的学与教》，并结合学生的实际与自己的教学实践，试将实践中摸索出的一些策略梳理如下。

（一）有目的地阅读

一个人在阅读时都有自己的目的。有的人是为了学习而阅读，有的人是为了工作而阅读，有的人是为了娱乐而阅读……每一位读者都有一个潜在的阅读需求，通过阅读来解决问题，这就是阅读目的。比如不同的人同读《红楼梦》，诗词爱好者想做诗词研究，就一定会在描写诗词的文字中流连。一位对中医药感兴趣的读者想了解如何养生保健，或许会细细品味一下书中各位姑娘的用药。研究服饰的阅读者关注点会在人物的穿衣打扮上。不同的人，阅读目的不同，阅读同一本书的关注点与方式就会不同。阅读目的是否明确，影响着阅读方式的选择与其阅读的效果。

学生作为年轻的阅读者，阅读目的往往不够清晰。这就造成孩子们的阅读效果存在着事倍功半的现象。前几日遇到了正值初二的侄女，她皱着眉头向我诉苦："老师让我们读《红岩》，我看得太慢了，根本看不下去。"我追问她看不下去的原因，她的回答实在耐人琢磨。"读着累，那么厚的一本书，一篇一篇地看，看了后面忘记前面。"我又问她，"你为什么要读这本书？老师要求你们读完这本书掌握什么？""我怎么知道为什么读！"我打开侄女手中的书，一个个圈红的词语，批注着词语的解释，孩子采用的是精细化阅读的方式，称之为"慢阅读"。我似乎找到她读不下去的原因了。孩子在阅读时，根本不知道自己要读什么，要从这本书中读出什么来，于是，就盲目地批画解词，一页一页地精读，恨不得每一字都不放过。这样读完一本书，任谁读都会觉得累吧！这不正是由于阅读这本书的目的不明确，而没能选择恰切的阅读方式造成的吗？

那么，整本书的阅读需要精细化的慢阅读吗？当然需要。整本书的阅读是不是一定要慢阅读呢？也不见得。这都要根据自己的阅读目的而定。就拿侄女要读的《红岩》一书为例，如果只是了解故事的主要内容，浏览翻阅即可。如果需要体会人物的精神，就要在重要人物的章节进行精读体会。只不过，学生对于慢阅读的方式比较熟悉。回忆我们的语文教学，教授的是教材中单篇的文章，学习的是精读的方法。孩子们习惯性地在阅读整本书时运用精读的方式。遇到不认识的字查工具书，一字一句地品词析句，遇到感受深的地方进行批注。而学生忽略的是，慢阅读的方式是不是合乎自己的阅读目的，仅仅用慢阅读的方式能否达成自己的阅读目标。

【案例一】"成长小说"我来选

教师：这个单元推荐阅读成长类小说，每名同学都有自己的阅读偏好。现在，给大家一些时间自己选择书籍。选书的依据是：个人的喜好，这本书的价值，教材中的推荐等。选择后，请你在小组中陈述自己选择这本书的理由。你要讲清楚这本书的大致内容、作者、你选择阅读这本书的想法。小组中的同学可以针对这本书或者阅读的理由等进行提问。由于时间有限，限时 15 分钟。

学生到书架上翻阅书籍，进行选择。

学生：我选择的是《草房子》。《草房子》讲的是油麻地小学的一群孩子们一起成长的故事，其中的主人公有桑桑、秃鹤、纸月等。他们每个人在生活中都经历了困难，但是能勇敢面对。这本书是曹文轩老师的作品。我们教材中有他的《青铜葵花》中节选出的课文。

教师：你能说说这本书有哪些章节你感兴趣吗？

学生：目录中的“秃鹤”我特别感兴趣，以前看过电影，秃鹤就给我留下了深刻的印象。对了，我补充一点。我选择的这个版本有很多插图，画面精美，也能辅助我阅读。

学生：我选择的是《城南旧事》……

教师：我很好奇，仅仅用了不到15分钟的时间，大家就选择了自己心仪的书，你们是怎样快速了解这本书并做出选择的呢？

学生：我是快速浏览。浏览书名、目录、作者介绍、作品推荐等，就能知道这本书的主要内容，自己喜不喜欢这本书了。

教师：还有补充吗？你是怎么确定这本书正是你感兴趣的，你想继续读下去？

学生：我看了看目录，找到了自己感兴趣的一个章节，先大致地读了读，我觉得写得挺吸引我的，我想继续往下读。

……

教师：阅读一本书的时候，我们就可以根据阅读目的选择合适的方式。比如，我们手持一本书，要学会快速浏览，进行检索。如浏览书名、目录、腰封、作者介绍、作品推荐等，通过检索确定这本书的一个基本信息。这时，我们可以根据自己的阅读取向判断需不需要进一步往下读。当我们对这本书产生了一些兴趣之后，就可以快速地略读。快速略读一般可以根据主题选择几个章节，粗略地浏览一下章节的内容，想一想，这本书是不是我需要读的？是否感兴趣？书的内容是不是像介绍推介一样有价值读下去。

教师：选择了一本书，我们就要读下去。咱们给大家几天阅读的时间，阅读后我们围绕着“成长”这一话题，结合你阅读的书中的情节、人物等，开展读书沙龙活动。

以上案例中，学生在选择书籍时就已经明确自己的阅读目的，即快速选择读一本自己感兴趣的成长小说。因此，学生自动化地采用了浏览、跳读、略读等方式，为了迅速地对整本书有一个概览。接下来，学生进行深入阅读，阅读前也明确了阅读目的，即围绕着“成长”这一话题，结合你阅读的书中的情节、人物等，开展读书沙龙活动。学生自然会带着这样的目的，进行深度阅读，有的地方需要快阅读，有的部分需要慢下来。

阅读整本书，就需要根据阅读目的进行快阅读与慢阅读的自主选择与切换。与阅读目的关联紧密的部分就驻足细品，与阅读目的关联不大的部分可以走马观花，快也好，慢也罢，一切全由阅读目的而定。引导阅读者明确阅读目的进行有目的的阅读不失为一种有效的阅读策略。

（二）预　测

预测是指在掌握现有信息的基础上，依照一定的方法和规律对未来的事情进行测算，以预先了解事情发展的过程与结果。预测是阅读中重要的阅读策略。

1. 预测要目的明确

看过不少节整本书阅读的课，课上老师经常会问孩子：“你猜猜接下来会发生什么？”“你猜猜他会怎么说？会怎么做？”但是，为什么要进行推测呢？为什么要在这里进行推测呢？我一直在想，在阅读时，启发学生不断进行推测的目的究竟是什么？

任何一种阅读都是一种活动，参与活动的主体即阅读者，如果是完全被动的，阅读将无法进行，即使硬着头皮读完，也可能面临一无所获的危机。我们是不能在昏昏沉沉、思想麻木的状态下进行阅读活动的。相反，一个主动的阅读者，他会积极地参与活动，会主动地与书籍进行对话，不断地在对话中获取信息、能量、快乐，这样的阅读效果会出人意料。在阅读中进行预测，引导学生进行推想，就是在启发学生主动地与文本进行对话，使学生在阅读的过程中，不断地去猜测，后面会发生什么事情？这个人物接下来会怎么做？有可能峰回路转吗……在预测中，学生首先需要主动亲近文本，在现有信息的基础上再进行预测，随着阅读的不断深入，信息的不断丰富，再提出问题，再推测……这样的一个过程，推进了主动阅读的进程。

预测的目的绝不仅仅是教给学生推想、猜测的阅读策略，而是有意识地培养学生成为一个主动的阅读者。

2. 预测需有据可循

预测，不是空穴来风的瞎猜，而要有据可循。

预测不是鼓励学生一拍脑袋，想当然地胡乱猜测，而是要鼓励学生能够深入文本，透过文本中的信息进行预测。同时，在预测时学生也可以用自己的背景知识作为依据进行预测。总之，预测要有依据。

【案例一】《小兵张嘎》

教师：一个偶然的机会，一支手枪真的到手了，得到枪的小嘎子会有怎么样的心情，怎样的表现呢？请你们自己读读得到枪的章节节选，其中关于小嘎子当时的动作和神态的一些描写，老师删去了，你能补充上吗？一会儿请你们说说自己是怎样补充的？又为什么这样补充呢？

学生阅读《伴读手册》上的材料并预测括号中的内容：

“你们看见过这样的枪吗？”小嘎子（　　）“王八盒子”，（　　）眼儿，俨然是玩枪的老在行似的，“瞧，长苗儿，厚梭儿，口径嫩，绷簧紧，里里外外，满挂烧蓝；一扣机啊，嘎！嘎！连扣连响，不坐不摆，又稳当，又脆声，这才真是新出炉的东洋造啦！”

教师：谁说说你是怎样填写的？并讲讲你这样填写的理由啊！

学生：小嘎子举起“王八盒子”，斜了斜眼儿。

教师：为什么你认为小嘎子会有这样的举动呢？

学生：因为从前面我知道了小嘎子特别喜欢枪。他终于得到了一把枪，当然要显摆了！

教师：其他同学是怎么想的？

学生：我写的是小嘎子晃了晃“王八盒子”，挤了挤眼儿。我同意他的想法，我也是觉得小嘎子一定是特别高兴的，一个男孩子本身就喜欢枪，这回终于有了一把真枪，心情别提多激动了。所以，他会把枪在人们面前晃一晃，让大家都看清楚了，自己有多神气！

教师：你们的预测是不是有道理呢？读读原文就知道了。

学生阅读节选：

最兴头最快乐的，还得数小嘎子。他站在一棵光滑笔挺、高得钻天的大杨树底下，右手擎着“王八盒子”，左手举着木头手枪，在大讲今天的战斗故事。围着他的是一大群村里的小孩儿，个个张着小嘴，眼睛随着他的两杆枪上下翻飞，完全给迷住了。“你们看见过这样的枪吗？”小嘎子扬扬“王八盒子，挤挤眼儿，俨然是玩枪的老在行似的，“瞧，长苗儿，厚梭儿，口径嫩，绷簧紧，里里外外，满挂烧蓝；一扣机啊，嘎！嘎！连扣连响，不坐不摆，又稳当，又脆声，这才真是新出炉的东洋造啦！”

学生看到自己的预测很接近原文，兴奋不已。

教师：看来，预测是有依据的啊！你们是洞察了嘎子的内心，推测出了他此时的举动。我们继续读，继续预测。

学生阅读节选：

一抱脑袋逃出了人群；一颗颗泪珠，滴滴嗒嗒地直落在他跑过的路上。这时，他多么后悔不该来当兵呀。

教师：看看现在嘎子的表现，你们有疑问吗？

学生：刚刚嘎子还高兴得手舞足蹈呢！怎么一转眼就哭了呢？

教师：你们推测，这中间发生了什么事情，才使得嘎子的行为发生了这么大的变化？

学生：会不会是鬼子杀了他的亲人了！

学生：不可能！他唯一的亲人奶奶已经死了啊！

学生：我觉得，是枪没有了！

教师：为什么你这么预测？

学生：因为前面写了嘎子爱枪，得到了枪，尤其描写了得到了枪的嘎子正高兴呢！能让他一下痛哭流涕的事情，就可能是枪没有了，丢了，他才会伤心！

教师：是这样吗？看看故事的发展！

学生阅读节选：

忽然，通信员杨小根来了，说是区队长找他，这才打断了小嘎子的兴头。然而，更使他吃惊的还在后面呢，原来区队长之所以找他，正是为了那支枪。目前很多县区干部和分区机关的同志，因为常常单独活动，自然很需要短枪来自卫。至于小嘎子，一则年纪小，二则没有打仗任务，所以区队长要他交出来，匀给那些需要的同志去佩戴。

【案例二】《俗世奇人》

学生阅读《苏七块》节选：

苏七块

苏大夫本名苏金散，民国初年在小白楼一带，开所行医，正骨拿环，天津卫挂头牌，连洋人赛马，折胳膊断腿，也来求他。

……

他手下动作更是“干净麻利快”，逢到有人伤筋断骨找他来，他呢？手指一触，隔皮戳肉，里头怎么回事，立时心明眼亮。忽然双手赛一对白鸟，上下翻飞，疾如闪电，只听“咔嚓咔嚓”，不等病人觉疼，断骨头就接上了。贴块膏药，上了夹板，病人回去自好。倘若再来，一准是鞠大躬谢大恩送大匾来了。

人有了能耐，脾气也怪了。苏大夫有个各色的规矩，凡来瞧病，无论贫富亲疏，必得先拿七块银元码在台子上，他才肯瞧病，否则决不答理。这叫嘛规矩？他就这规矩人家骂他认钱不认人，能耐就值七块，因故得个挨贬的绰号叫做：苏七块。

教师与学生分享了苏大夫的奇绝手艺后，教师再次打开书。

教师：苏大夫好打牌，一日闲着，两位牌友来玩，三缺一，便把街北不远的牙医华大夫请来，凑上一桌。玩得正来神儿，忽然三轮车夫张四闯进来，往门上一靠，右手托着左胳膊肘，脑袋瓜淌汗，脖子周围的小褂湿了一圈，显然摔坏胳膊，疼得够劲。可三轮车夫都是赚一天吃一天，哪拿得出七块银元？”

教师：苏七块的绰号从何而来？

学生：因为他看病无论贫富必须收七块银元。

教师：那么依你们所见，苏七块给三轮车夫治病了吗？

学生：不可能治！

教师：你为什么有这样的判断？

学生：他叫苏七块，必须收七块银元才出手治病，这个规矩不能破，因此没有治病。

教师：你有你的依据，依据从文章而来。

学生：我们不同意！一定是治病了！

教师：你们的依据是什么？

学生：因为苏七块是大夫，医生得有医德，医者仁心，必须治病救人啊！我们看看生活中，医德高尚的大夫才能让人尊敬。苏七块能够成为奇人，就得有医德。

教师：究竟治没治病呢？想知道结果吗？请从小说中自己寻找答案。

从两个教学案例中我们可以看出，教师在引导学生进行预测时，不是单单追求一个预测的结论，也不是仅仅用预测这样一种策略去激发孩子的阅读兴趣。而是在阅读中，不断地借助文本信息进行预测，再以文本信息为依据进行印证。这样的预测，促进学生读中思，通过预测启发学生带着思考与疑问进行主动的阅读活动。案例一《小兵张嘎》的预测活动，学生主要依据了文本信息。有些时候，预测不仅仅可以依据文本信息，也可以依据个人经验。正如鲁迅先生在《书信集·致夏传经》中写道："经历一多，便能从前因而知后果，我的预测时时有验。"如《俗世奇人》中学生对于苏七块给车夫治病的预测，一部分学生就是以个人生活经验为依据。在生活中，学生对于医生的认识是不仅要有医术，还要有医德，因此展开预测，医者仁心，苏大夫一定会出手救治。可见，在阅读过程中读者进行预测，一方面依据文本提供的信息，一方面依据个人的生活经历。阅读本身就是一个阅读者自我建构阅读意义的过程，当阅读者在文本中提取的信息越丰富，其背景经验越丰厚的时候，预测也会相对更丰富、更准确、更合理。

3. 预测内容可多元

预测的内容是多元的。可以根据书的封面、目录、插图、情节等资源进行预测。可以预测情节的发展、人物的命运、故事的结局等方方面面。

【案例一】《俗世奇人》

学生看了书的封面与目录。

教师：看到了这本书的封面与目录，相信你们一定从中获得了很多有价值的信息。通过这些信息，你能推测出这本书的内容和什么有关系吗？

学生：这本书讲的是很多有本事的人的故事。

教师：你推测的理由是什么？

学生：奇人，就是指有本事的人。

教师：其他同学怎么考虑的呢？

学生：奇人，是指在某一方面有绝活的人。目录中的张大力，我估计就是力气大！泥人张，就是捏泥人特别厉害。

教师：你们的预测是有依据的啊！不简单。

学生：这本书讲了老百姓的故事。

教师：何以见得？

学生：书的名字叫《俗世奇人》，俗世就是指普通人的生活。

教师：预测原来不是空穴来风啊！有据可循啊！究竟是不是像你们推测的那样呢？我们走进书中找找答案吧！

学生阅读节选一：

码头上的人，全是硬碰硬。各行各业，全有几个本领齐天的活神仙。刻砖刘、泥人张、风筝魏、机器王、刷子李等等。天津人好把这种人的姓，和他们拿手擅长的行当连在一起称呼。叫长了，名字反没人知道。只有这一个绰号，在码头上响当当和当当响。

学生阅读节选二：

天津卫本是水陆码头，居民五方杂处，性格迥然相异。然燕赵故地，血气刚烈；水咸土碱，风习强悍。近百余年来，举凡中华大灾大难，无不首当其冲，因生出各种怪异人物，既在显耀上层，更在市井民间。

教师：自己读读这两部分节选，快为你们的成功推测鼓鼓掌吧！

一本书的封面、腰封、推荐语、前言、目录，提供了关于这本书的大量信息。阅读一本书时，学生可以根据这些内容进行预测，想一想，这本书的内容和什么有关系？在这本书中我想了解哪些内容？哪些内容是我感兴趣的呢？或者，根据这本书的这些信息去判断，这本书究竟是不是我想读的呢？这对于一个阅读者来说是十分重要的。检索阅读，是开启一本书阅读的初级阶段。在检索阅读阶段，对书中的相关内容进行推测，会使阅读者最先进入一种主动阅读的状态。

【案例二】《俗世奇人》

学生阅读《泥人张》节选：

泥人张

手艺道上的人，捏泥人的“泥人张”排第一。而且，有第一，没第二，第三差着十万八千里。

……

只见人家泥人张听赛没听，左手伸到桌子下边，大鞋底下抠下一块泥巴。右手依然端杯饮酒，眼睛也只瞅着桌上的酒菜，这左手便摆弄起这团泥巴来；几个手指飞快捏弄，比变戏法的刘秃子的手还灵巧。海张五那边还在不停地找乐子，泥人张这边肯定把那些话在他手里这团泥土全找回来了。随后手一停，他把这团往桌上“叭”地一戳，起身去柜台结账。吃饭的人伸脖一瞧，这泥人真捏绝了！就赛把海张五的脑袋割下来放在桌上一般。瓢似的脑袋，小鼓眼，一脸狂气，比海张五还像海张五。只是只有核桃大小。

当教师与学生分享了奇人泥人张奇绝的本事后，教师打开书。

教师：第二天，北门外估衣街的几个小杂货摊上，摆出来一排排海张五这个泥像，还加了个身子，大模大样坐在那里。而且是翻模子扣的，成批生产，足有一二百个。摊上还都贴着个白纸条，上边使墨笔写着：贱卖海张五……

教师读到这里，戛然而止，学生一个个听得兴趣正浓。

教师：接下来会发生什么事情呢？

学生：海张五不依不饶，报复泥人张！

学生：泥人张恐怕遭殃了吧！

……

教师听了学生的种种预测，笑而不答，只说："预知结局？"学生自然答曰："书中寻找！"

故事之所以吸引人，其原因之一就是情节的环环相扣，引人入胜。在小说的整本书阅读当中，就可以在情节曲折处，情节突变处进行预测。这样的预测不仅能唤起学生的阅读期待，而且能促使学生带着疑问与文章进行主动的对话，成为一个"我想读"的阅读者。

（三）推　论

推论是一种常用的阅读策略。有的时候，我们将推论与预测放在一起，作为一种阅读策略。其实，预测与推论既有联系，也有区别。共同之处是，这种策略都是根据已知的信息，在阅读者还不知道的情况下，进行发展性的预估、推断。但是，不同的是，推论的未知内容往往是文本中的"空白"，而预测的内容，只是目前阅读者没有发现，但是在文本中是有比较明显的依据的。推论的阅读策略，在高中的语文教学中应用得比较广泛。比如在《高中语文教学中有效阅读策略的探索与实践》中提出"推理是阅读过程的核心"。在小学语文的阅读实践中，推论策略也应该引起关注，尤其是在整本书的阅读过程中，推论的策略更是不可或缺。其实，在小学的语文教学中运用推论这一阅读策略，培养学生阅读的推论能力，广大的一线教师也是实践过的。或许是因为我们对概念并不清晰，没有引发我们更多的关注。

【案例】《凡卡》

教师：让我们一起读一读文章的结尾："他很满意没人打搅他写信，就戴上帽子，连破皮袄都没披，只穿着衬衫，跑到街上去了……过了一个钟头，他怀着甜蜜的希望睡熟了。他在梦里看见一铺暖炕，炕上坐着他的爷爷，耷拉着两条腿，正在念他的信……泥鳅在炕边走来走去，摇着尾巴……"孩子们，文章到这里就结束了，凡卡的信寄出去了，你们认为他的愿望能够实现吗，爷爷会来接他吗？

学生：我认为他的爷爷是不会来接他的。因为，乡下的生活太苦了，如果爷爷能让凡卡在乡下生活的话，就不会送他到莫斯科当学徒了啊！

学生：我觉得爷爷会接他的，文章中写了爷爷和凡卡在乡下的快乐生活，爷爷是很爱凡卡的，如果爷爷知道了凡卡的学徒生活特别悲惨，一定会接他走的啊！

教师：究竟会不会接凡卡走呢？同学们的推论不能凭空而来，你们再细致地读读课文，看看文章中有没有蛛丝马迹，向我们传递了信息？

学生：爷爷不会接他走，凡卡的生活也无法改变了！

教师：你怎么这么确定？说说你的理由。

学生：大家看，文中是这么写的："凡卡把那张写满字的纸折成四折，装进一个信封里，那个信封是前一天晚上花一个戈比买的。他想了一想，蘸一蘸墨水，写上地址：乡下爷爷收。然后他抓抓脑袋，再想一想，添上几个字：康司坦丁·玛卡里奇。"大家有没有发现，凡卡的地址根本没有写清楚，乡下是哪儿？该寄到哪里呢？这样的信是寄不出去的！而且，信封上也没有贴邮票，也说明这封信根本无法寄出去，爷爷收不到信，又怎么可能接走凡卡呢？

教师：你的发现很重要！你从文章细节的描写中获得依据，推想凡卡的信是无法寄出去的！其他同学还有补充吗？

学生：我补充。我认为即使信寄出去了，爷爷也不可能接他回来。文中写了乡下的生活是贫穷的，如果能让小凡卡在乡下生活就不会送他当学徒了！爷爷一定是觉得学徒的生活比乡下生活要强一些，才送他来莫斯科的。

在这个教学片段中，教师就是在引导学生进行推论，而推论的目的不是猜出结果，而是要依据文本中的细枝末节进行有依据的推断。这样的推断，是在发展学生的阅读思维，培养学生形成从已知推出未知的一种思维形式。而《凡卡》这篇小说，也正因为有这样的伏笔给了读者玩味、体会的空间，才让每一位读者阅读时情不自禁地关注小凡卡的命运。这让我想起了几次听《凡卡》一课的经历，尤其是在一次评优活动中，学习临近尾声时，教师说："教材中的文章是节选，大家想看看原文吗？想知道小凡卡的命运吗？"于是，教师呈现了原文中的结尾：

过一个钟头，他怀着甜蜜的希望睡熟了，做了一个甜美的梦……"快起来，小畜生！干嘛趴在我的操作台上睡觉！"这是老板的声音。老板回来了！凡卡从梦中惊醒，用蒙眬的睡眼看着四周。突然，他看到了老板那凶神恶煞的脸。顿时，睡意全无，害怕地望着老板。老板扫视了一下操作台，猛地，他又揪着凡卡的耳朵吼道：“你这该死的小畜生，竟敢偷我的墨水、钢笔！哼，我今天非结结实实地揍你一顿！”凡卡害怕极了，可又不敢说话，只是用祈求的眼去看看老板。但老板对这些毫不理会，随手拿起一个大楦头就打凡卡的头，凡卡痛得大声惨叫，这悲惨的声音连铁石心肠也会被感化的。可是，老板的心却比铁石心肠还要硬，根本就不会心软，一这打还一边骂：“好哇，我给你吃给你穿，你还偷我的东西，我真是白养了这个小畜生了！”最后，老板又对着凡卡的头部狠狠地砸下去，凡卡昏了过去……等凡卡醒来，已是第二天下午了，老板见他醒了，就叫他出去给小崽子摇摇篮。凡卡不敢违抗，只好踉跄地走过去，轻轻地、慢慢地摇着摇篮……忽然，他听见外面有陌生人说话，凡卡以为是爷爷来了，赶紧兴奋地跑到外面一看，结果不是，他失望地回到屋里，再次摇着摇篮……有好几次，凡卡在干活时，听到有陌生人说话，都以为是爷爷来了，都跑出去看，但又都不是，他一次次满怀希望，又一次次失望，这对他是多大的打击啊！可是，凡卡仍然坚信爷爷会来的，一定会来接他的……这么多次出去都没被老板发现，凡卡也觉得很幸运，直到有一天……那是一个电闪雷鸣、风雨交加的夜晚，凡卡又在给小崽子摇摇篮，他又听到了陌生的说话声，凡卡想：“既然那么多次都不是爷爷，这次恐怕也不是。”但当他再仔细一听，那人说话声是苍老的，就再也抑制不住激动的心情，跑到门外一看，唉，原来是送牛奶的老头。凡卡又失望地走回屋里。可就在这时，老天打了一个响雷，小崽子“哇”地一声哭了起来，凡卡吓了一大跳，赶紧跑过去摇摇篮。可是老板还是闻声跑来了，又对凡卡大发雷霆：“小畜生，让你摇摇篮你干什么去了？整天想着玩……”老板抓起皮带就抽，拿起楦头就打，抬起脚来就踢……这一次打得比哪次都厉害，把凡卡打得浑身青红紫绿，头也在流血，并打断了一条腿……凡卡躺在床上不能动了，老板见他不干活，就不给他东西吃，过了几天，老板觉得凡卡活不了几天了，怕死在自家里影响名声，就把他用破席子一卷，叫伙计抬到荒郊野外去了……凡卡被冻得瑟瑟发抖，嘴里还念叨着：“爷爷啊，我真的快要死了，您为什么不来接我？为什么，为什么……”他饥寒交迫，再加上浑身疼痛难忍，不一会儿，凡卡，这个可怜的孩子就这样悄然无声地闭上了眼睛，停止了呼吸，走上了通往天堂的道路……

学生读了“原文”的结尾，唉声叹气，觉得凡卡的命运实在是太悲惨了。先不说教师是否在备课时对教材进行了认真的钻研，对所谓的原文是否进行了科学的核实。单单从文学的品质上说，契诃夫的《凡卡》为什么独具魅力，正是因为意味深长的结尾留给了读者想象、体味的空间。我们越是通过推论，看到了凡卡的命运走向，就越会深切地同情这个孩子，读者的心不自觉地被揪住了。如果有了这样的一个所谓的结尾，是不是文学的趣味也就荡然无存了呢！

在整本书的教学中，需要培养学生推论的意识。相对于课文中的单篇，整本书中的信息更加丰富多元，这为推论提供了先决条件。比如在阅读侦探类小说时，推论这一阅读策略就会发挥重要的作用。我们阅读侦探小说的时候，看到错综复杂的案情，每一个读者都会不自觉地想要断案。我们会想谁是凶手？他是如何作案的？他为什么会这样做？究竟是怎么发现他是凶手的？等等一系列的问题会不断地迫使着读者，顺着故事中的蛛丝马迹，进入推论当中。有的侦探、推理类小说，在结尾是开放性的。在没有找到真相的时候，一切推论都有可能。但是，究竟哪种推论最接近真相本身呢？这就要看推论者在故事中寻找到的依据是否足够丰富了。不仅信息要丰富，在进行推论时往往要将多个信息进行关联，才能将推论进行到底。

以上谈到的两种阅读策略，在小学语文教学中越来越引起重视。“统编版”小学语文教材三年级上册的第四单元“策略单元”，就集中教给学生猜想与推想的阅读策略。这个单元的主题是“猜测与推想，使我们的阅读之旅充满了乐趣”。本单元的语文要素是“一边读一边预测，顺故事情节去猜想。学习预测的一些基本方法”。然而，教材中的单篇课文学生在正式学习前往往已经熟悉了课文的内容，这为学习预测带来了障碍。同时，教材中学习预测策略的课文也有限，仅安排了《总也到不了的老屋》《胡萝卜先生的长胡子》《不会叫的狗》等课文。要想仅以这四篇课文就使学生熟练地掌握预测的阅读策略，不太容易。阅读策略要在大量阅读实践中内化，在课内学习了阅读策略，在课外阅读中反复实践，将内外阅读融通，切实提高学生的阅读能力。

要注意的是，“预测”与“推论”这两种策略，虽然在这里强调了二者的不同之处，但是在一个人的阅读过程中这两种阅读策略又不是泾渭分明的。大多时候，预测与推论结伴而行。我们将“预测”与“推论”作为阅读策略带领着学生勤加练习，久而久之，这种阅读策略就会成为一种阅读习惯融入学生的阅读过程。他们会在读书时不自觉地思考，“接下来会发生什么？”“故事的结局是怎样的？”“按照他（她）的逻辑接下来他（她）会做出什么样的反应？”等等。甚至学生在读过一个作者的书籍后，依据这本书对作者的了解，去推想其在别的作品中会有怎样的观点。在“预测”与“推论”中，学生开始主动地在书籍中寻找信息，获得依据，从而实现主动地与文本、与作者进行对话。

（四）可视化

随着脑科学研究的不断深入，我们越发关注学生的认知规律，思维发展。儿童阶段，学生以形象思维为主，逐渐过渡到逻辑思维的发展，最终形成两种思维的协调可持续发展。形象思维，主要是指人们在认识世界的过程中，对事物表象进行取舍时形成的，用直观形象的表象，解决问题的思维方法。形象性是形象思维最基本的特点，其表达的工具和手段是能为感官所感知的图形、图像、图式和形象性的符号。有的人认为，形象思维是思维发展的低级阶段，这是一种误解。其实，形象思维与逻辑思维是两种不同的思维形态，没有高低之分。比如，跳水运动员，在跳水时他的头脑中出现的是一个个有关跳水的表象，起跳时的画面，转体时的画面，这样的一个个表象，连贯起来就形成了一个完整的跳水过程。在这个过程中，形象思维同抽象思维一样，是以一种概念的形式出现的。同样，阅读时，就是将抽象的文字在头脑中转化为具体的形象，进而有了阅读体验。在这个过程中，形象思维发挥着巨大的作用。

依据学生思维发展的规律，我们将“可视化”作为一种阅读策略。即引导学生在文字阅读的认知活动中，依据文本提供的信息，在头脑中建立相关形象。将抽象的文字转化为具体的形象，以达成与文本的对话，对文本意义的建构。比如，当下各个学科兴起的思维导图，就是一种可视化策略。语文学科中常常使用的图像化（图画），也是可视化策略的一种。无论是阅读单篇作品，还是整本书的阅读，都离不开可视化的阅读策略。可视化策略，能够帮助学生将概念转化为直观可感的形象，以促进理解的深入，阅读能力的提升。

1. 思维导图

英国“大脑先生”东尼・博赞最早提出思维导图，他表明思维导图对支持教学具有诸多的功用，例如：具有形象性的学习风格、提高综合信息的能力、增进对概念的理解、提高学习、工作绩效和提升元认知学习技能等功能。人们称思维导图是瑞士军刀一般的思维工具，可见思维导图的实用性与灵活性。

思维导图，简单说，是一种将人脑的放射性思考具体化的方法。它最大的特点就是将原本不可见的思维结构及规律、思考路径及方法呈现出来。简单地讲就是用图示将大脑中的思维过程画出来。可视化的思维更易被理解，能够实现“零散信息系统化”“抽象知识图像化”“隐性思维显性化”，有助于发展阅读思维，提升阅读能力。在整本书的研究过程中，我们发现一本书中的信息是十分庞杂的，学生需要将厚厚的一本书读薄，能够从整体上把握一本书的概况。比如其中的人物关系、情节架构、主题认识等。阅读一本书又是一个思维发展的过程，比如对于书中一个人物的认识，学生往往从单一认识走向多元认知，情感体验也是如此，从单一情感，到网状交织。那么用什么策略将庞杂的信息系统化并清晰可见？用什么策略看到学生思维发展的过程，也使学生看到自己阅读一本书的成长过程呢？老师们尝试着将思维导图引入整本书的阅读。

《汤姆·索亚历险记》是美国作家马克·吐温的代表作之一，主人公是一位十几岁的美国少年，全书写了他的五次历险经过，塑造了一个喜欢搞恶作剧，同时又善良、勇敢、机智、极具冒险精神的顽童形象。小说的主人公和他的伙伴的历险经历深深地吸引着孩子。在学生初步阅读了这本书后，教师进行了调研，发现孩子心中真是“一千个读者有一千个汤姆·索亚”，有人认为汤姆·索亚机灵，有人认为他顽皮，有人认为他太淘气，有人认为他爱冒险。对于书中的故事情节，学生们大都喜欢历险的经历，但也有一些疑问。比如，这本书叫《汤姆·索亚历险记》，但是小说中不全是写历险的，这是为什么呢？我们会发现学生阅读后的收获与思考是不同的，他们对人物形象的认识是多元的，也是有着不同层次的。有的同学认识得浅显，甚至有些不符合人物形象的设定，也有的学生认识得比较深刻。在分享阅读时，教师将思维导图引入阅读分享，通过不断地完善思维导图，丰富学生对人物形象的认识以及对小说情节安排的理解。

【案例】《汤姆·索亚历险记》

教师：同学们，这段时间以来，我们一直在共读一本作品，就是这本马克·吐温写的《汤姆·索亚历险记》。看主人公——汤姆·索亚，在这部作品中写了很多关于他历险的故事。你们喜欢他吗？喜欢他什么呀？

学生：我喜欢他，他很聪明。

教师：你从哪个情节看出汤姆·索亚很聪明呢？

学生：刷墙的那个情节啊！明明是惩罚他去刷墙，可是汤姆·索亚却能想出办法让小朋友帮他刷墙！

学生：我也是从刷墙的情节中看出他很机灵的。

教师：你们都是从这一个情节中看出他机灵、聪明的吗？还从哪个情节也能看出来的？

学生：换奖、喂药也能看出他的机灵。

教师随着学生分享绘制思维导图，如下：

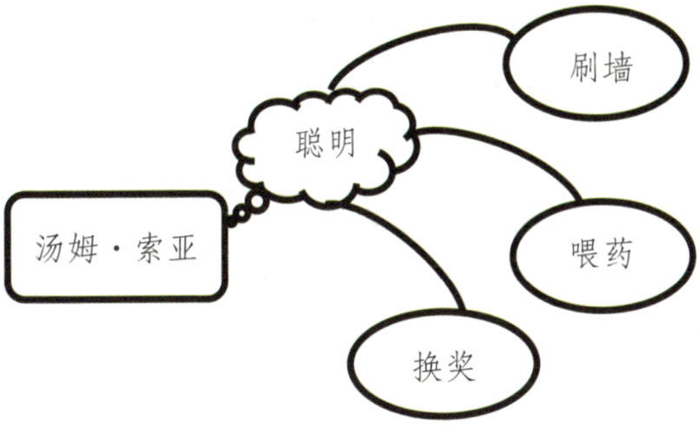

教师：在同一部作品中，作者往往通过不同情节展现人物的同一个特点。汤姆·索亚只有这一个特点吸引着我们吗？其他同学，还喜欢他什么？随着我们不断地阅读与分享，我相信大家对汤姆索亚的形象会有更丰富的认识。

学生：他很勇敢，比如出庭做证！

教师随着学生分享继续绘制思维导图，如下：

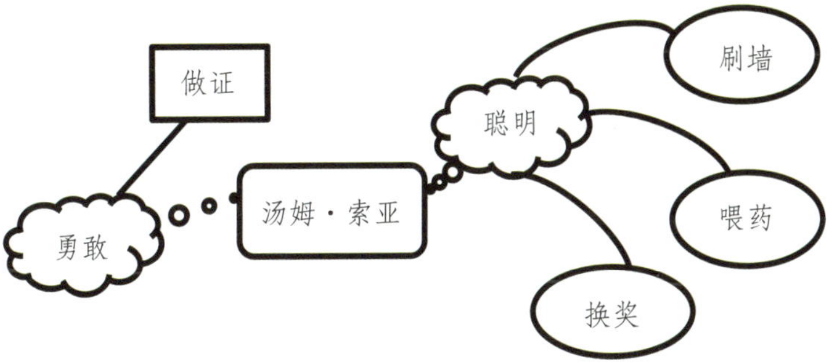

教师：有谁也看到了汤姆勇敢的这一面？你们关注到了这个情节吗？小说

中与“出庭做证”前后相关的情节都有哪些呢？你们有什么好办法可以快速地回忆起来吗？

学生：看目录啊！

教师：好主意！浏览目录吧，找出所有与之相关的情节。

学生：我还找到了目睹杀人的情节和吓得逃跑的情节。

学生：还有他起初发誓不说出真相，但是自己的内心纠结不安，最后才出庭做证。

教师随着学生分享将情节补充在思维导图中，如下：

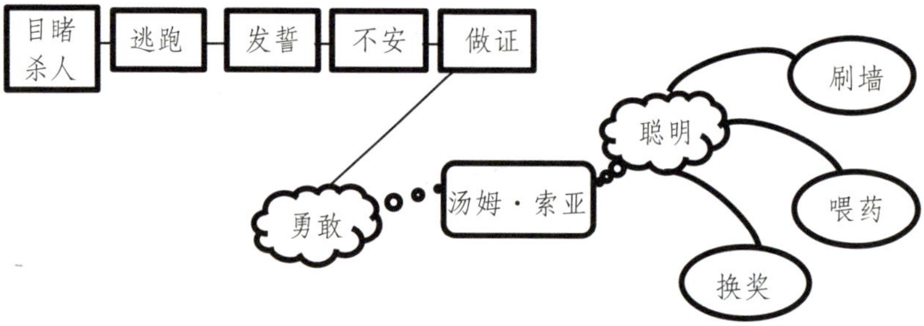

随着学生分享交流，教师通过绘制思维导图将学生阅读的动态过程清晰地、形象可感地呈现出来。最终，绘制的导图如下：

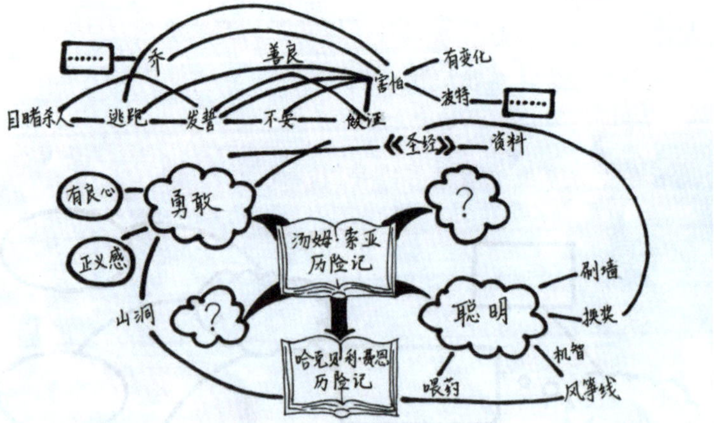

思维导图的形成过程记录了学生阅读小说情节和加深理解人物形象的过程。同时，在这幅思维导图中我们可以看出，对于人物形象的认识，教师并没有固化学生的思维，而是怀着开放、拥抱的态度，导图中的一个个问号，正是

在鼓励学生可以不断地阅读，不断地感受，汤姆·索亚的形象一定会更加鲜活与丰富。

在整本书的阅读中，教师运用了可视化的策略，并指导学生将这种策略运用到自己的阅读中去。同学们阅读了《汤姆·索亚历险记》，就尝试着运用思维导图，将整本书的内容梳理出来。

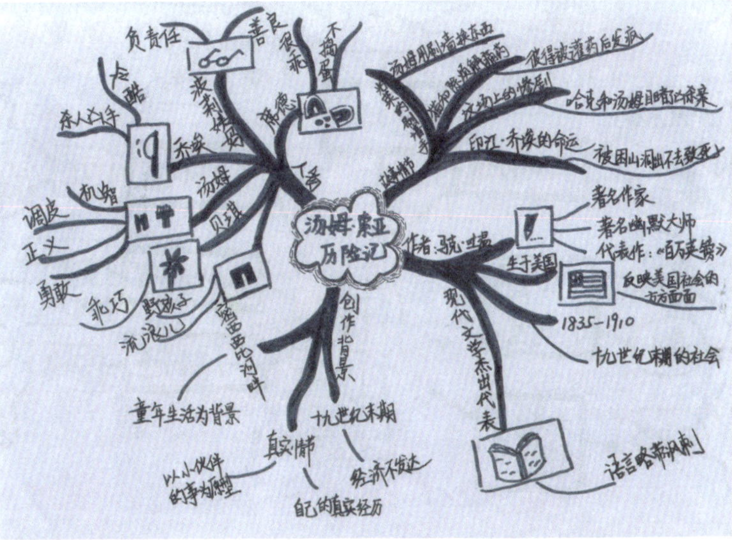

学以致用，学生在阅读了《小王子》后同样运用思维导图来表现自己对小王子这个人物形象的认识。

同样是《小王子》，有的同学运用思维导图将小王子的经历梳理了出来，这是在从整体上把握了故事的情节。

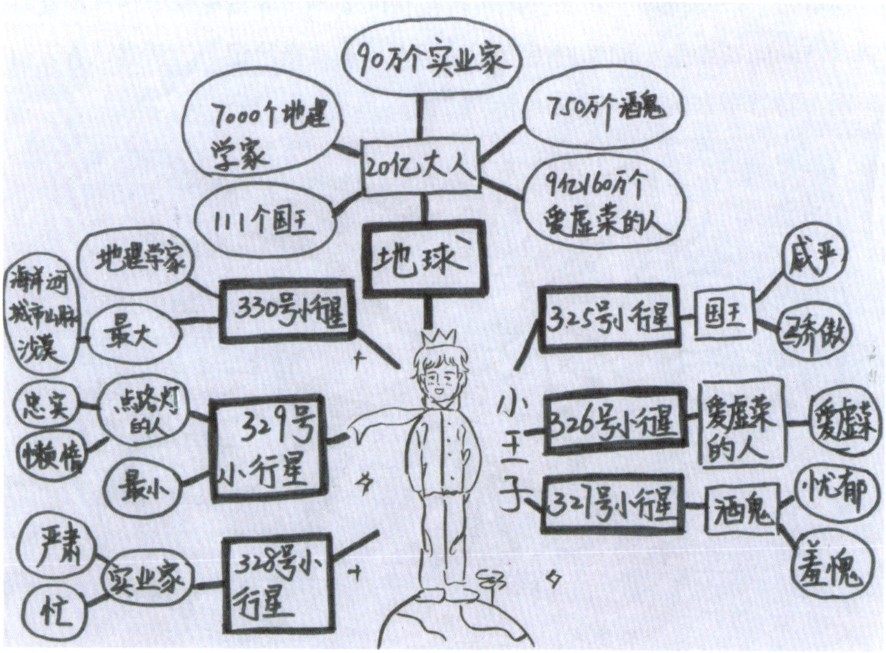

运用“可视化思维导图”的策略，学生将信息庞杂的整本书变成一幅图，书中的人物形象、主题情感、内容情节、结构布局、语言表达……跃然纸上。思维导图作为一种可视化策略，其形式与内容是灵活多变的。关键在于“导”的目的性要明确。即帮助学生进行语文学科知识结构的建构，使语文学习不仅仅是指向记忆，也要指向理解，并在这个建构过程中发展学生的思维能力。

在整本书的阅读中“思维导图”反映了学生阅读思维的发展轨迹，使得教师更有效地帮助学生掌握分析、综合、抽象、概括、归纳、比较、类比等阅读思维方法；在呈现阅读思维过程中，借助导图的发散性思维方式，促进学生提高获取信息的能力，提高阅读的灵活性、深刻性、独创性、批判性、敏捷性等思维品质；同时，通过“可视化思维”帮助学生学会反观思维过程，促进学生形成优良的阅读品质。

2. 想象画面

想象画面也是可视化策略中的一种。即阅读者依据文本信息，通过想象，将抽象的文字符号在头脑中转化为形象、图画，从而加深对文本的理解与体会。这种策略，在我们的日常教学中教师会经常使用。回想我们的课堂，是不是常常听到这样的教学语言“请同学们插上想象的翅膀，读了这段文字你仿佛看到了什么？”“你的眼前出现了怎样的画面？”这就是在引导学生在阅读时，展开想象，形成画面。

在整本书的阅读中，使用这种阅读策略也是必不可少的。比如，学生在阅读曹文轩先生的纯美小说《草房子》时，大家发现这本书中的语言描写优美，尤其是文章中有大量的环境描写细腻、美妙。于是，教师在与学生共读《草房子》时，使用了想象画面的策略，以促使学生产生身临其境之感。

【案例】《草房子》

教师：我们近期共读了曹文轩先生的作品《草房子》，草房子在哪里？是个什么样的地方呢？你从书中看到了油麻地草房子的景色了吗？找出相关的描写，我们一起读读，分享交流，你头脑中油麻地草房子的景象。

学生：我找到了这部分描写。油麻地小学是一色的草房子。十几幢草房子，似乎是有规则，又似乎是没有规则地连成一片。它们分别用作教室、办公室、老师的宿舍或活动室、仓库什么的。在这些草房子的前后或在这些草房子之间，总有一些安排，或一丛两丛竹子，或三株两株蔷薇，或一片花开得五颜六色的美人蕉，或干脆就是一小片夹杂着小花的草丛，这些安排，没有一丝刻意的痕迹，仿佛是这个校园里原本就有的，原本就是这个样子。这一幢一幢草房子，看上去并不高大，但屋顶大大的，里面很宽敞。这种草房子实际上是很贵重的。它不是用一般稻草或麦秸盖成的，而是从三百里外的海滩上打来的茅草盖成的，那茅草旺盛地长在海滩上，受着海风的吹拂与毫无遮挡的阳光的暴晒，一根一根地都长得很有韧性。阳光一照，闪闪发亮如铜丝，海风一吹，竟然能发出金属般的声响。用这种草盖成的房子，是经久不朽的。这里的富庶人家，都攒下钱来盖这种房子。油麻地小学的草房子，那上面的草又用得很考究，很铺张，比这里的任何一个人家的选草都严格，房顶都厚。因此，油麻地小学的草房子里，冬天是温暖的，夏天却又是凉爽的。这一幢幢房子，在乡野纯净的天空下，透出一派古朴来。但当太阳凌空而照时，那房顶上金泽闪闪，又显出一派华贵来。

学生：我仿佛看到了一个个金色的，在阳光下闪闪发光的草房子。每个草房子之间有空隙，开着各种各样的美人蕉。桑桑、秃鹤几个孩子，坐在了草房子顶上快活地聊天呢！

教师：是哪些语言，让你看到了这样的画面，实在是太美好了！你愿意把你看到的景象，读给同学们吗？同学们，我们也可以一边听一边想象，你心中的草房子的样子。

学生：在这些草房子的前后或在这些草房子之间，总有一些安排，或一丛两丛竹子，或三株两株蔷薇，或一片花开得五颜六色的美人蕉，或干脆就是一小片夹杂着小花的草丛，这些安排，没有一丝刻意的痕迹，仿佛是这个校园里原本就有的，原本就是这个样子。

教师：你看到的草房子又是什么样子的？像这位同学一样，读读你欣赏的语句，说说你看到的景色，让我们一起走进那优美的景色中去。

在《草房子》这本书中，这样的描写比比皆是。教师与学生一起品味语言，展开想象，形成画面，走进情境，体会情感。类似这样的儿童文学作品有很多，凡是环境描写的精彩之处，我们都可以运用想象画面的策略，将文字与形象对接，从而促进学生理解，培养阅读能力。

在共读《草房子》的过程中，学生结合对人物形象的认识给书中的人物画剪影小样。交流时，孩子们结合图画，勾连书中的相关描写，谈出这么画的理由。我们先一起看一看孩子们的作品，几幅秃鹤的小样。

【图画一】

【图画二】

【图画三】

【图画四】

【图画五】

【图画六】

我们再读一读《草房子》中几处关于秃鹤的描写。

【描写一】

秃鹤的秃，是很地道的。他用长长的好看的脖子，支撑起那么一颗光溜溜的脑袋。这颗脑袋绝无一丝瘢痕，光滑得竟然那么均匀。阳光下，这颗脑袋像打了蜡一般亮，让他的同学们无端地想起，夜里它也会亮的。

【描写二】

那时，秃鹤正沿着正对校门的那条路，很有派头地走过来。秃鹤瘦而高，两条长腿好看倒也好看，但稍微细了一点儿。现在，这两条长腿因穿了短裤，暴露在阳光下。他迈动着这样的腿，像风一般，从田野上荡进了校园。秃鹤光着上身，赤着脚，却戴了一顶帽子——这个形象很生动，又很滑稽。或许是因为人们看桑桑这道风景已看了好一阵，也快接近尾声了；或许是因为秃鹤这个形象更加绝妙，人们的视线仿佛听到了一个口令，齐刷刷地从桑桑的身上移开，转而去看秃鹤就把桑桑冷落了。

【描写三】

当表演进行了大约三分之二，整个过程已进入最后一个高潮时，一直面孔庄严的秃鹤，突然将头上的帽子摘掉，扔向远处。那是一顶黑帽子，当它飞过人头上时，让人联想到那是一只遭到枪击的黑乌鸦从空中跌落了下来。这使队伍出现了一阵小小的骚动。紧接着，是场外的人，如久闭黑暗之中忽然一下看见了一盏大放光明的灯火，顿时被秃鹤那颗秃头吸引住了……只有秃鹤一人像什么事情也没有发生似的，全神贯注地做着应该做的动作，简直是无可挑剔。做到跳跃动作时，只见他像装了弹簧一样，在地上轻盈地弹跳。那颗秃头，便在空中一耸一落。当时，正是明亮的阳光从云罅中斜射下来，犹如一个大舞台上的追光灯正追着那个演员，秃鹤的秃头便在空中闪闪发亮。

【描写四】

是桑桑第一个找到了秃鹤。那时，秃鹤正坐在小镇水码头最低的石阶上，望着被月光照得波光粼粼的河水。

桑桑一直走到他跟前，在他身边蹲下："我是来找你的，大家都在找你。"

桑桑听到了秃鹤的啜泣声。

油麻地小学的许多师生都找来了。他们沿着石阶走了下来，对秃鹤说："我们回家吧。"

桑乔拍了拍他的肩："走，回家了。"秃鹤用嘴咬住指头，想不让自己哭出声来，但哭声还是抑制不住地从喉咙里奔涌而出，几乎变成了号啕大哭。

纸月哭了，许多孩子也都哭了。

纯净的月光照着大河，照着油麻地小学的师生们，也照着世界上一个最英俊的少年……

你是否能够将学生绘制的秃鹤小样与其相应的描写对应起来了呢？

	秃鹤的秃，是很地道的。他用长长的好看的脖子，支撑起那么一颗光溜溜的脑袋。这颗脑袋绝无一丝瘢痕，光滑得竟然那么均匀。阳光下，这颗脑袋像打了蜡一般亮，让他的同学们无端地想起，夜里它也会亮的。
	当表演进行了大约三分之二，整个过程已进入最后一个高潮时，一直面孔庄严的秃鹤，突然将头上的帽子摘掉，扔向远处。那是一顶黑帽子，当它飞过人头上时，让人联想到那是一只遭到枪击的黑乌鸦从空中跌落了下来。这使队伍出现了一阵小小的骚动。紧接着，是场外的人，如久闭黑暗之中忽然一下看见了一盏大放光明的灯火，顿时被秃鹤那颗秃头吸引住了……只有秃鹤一人像什么事情也没有发生似的，全神贯注地做着应该做的动作，简直是无可挑剔。做到跳跃动作时，只见他像装了弹簧一样，在地上轻盈地弹跳。那颗秃头，便在空中一耸一落。当时，正是明亮的阳光从云罅中斜射下来，犹如一个大舞台上的追光灯正追着那个演员，秃鹤的秃头便在空中闪闪发亮。

<table>
<tr>
<td></td>
<td>
是桑桑第一个找到了秃鹤。那时，秃鹤正坐在小镇水码头最低的石阶上，望着被月光照得波光粼粼的河水。

桑桑一直走到他跟前，在他身边蹲下：“我是来找你的，大家都在找你。”

桑桑听到了秃鹤的啜泣声。

油麻地小学的许多师生都找来了。他们沿着石阶走了下来，对秃鹤说：“我们回家吧。”

桑乔拍了拍他的肩：“走，回家了。”秃鹤用嘴咬住指头，想不让自己哭出声来，但哭声还是抑制不住地从喉咙里奔涌而出，几乎变成了号啕大哭。

纸月哭了，许多孩子也都哭了。

纯净的月光照着大河，照着油麻地小学的师生们，也照着世界上一个最英俊的少年……
</td>
</tr>
</table>

在学生的头脑中，虽然绘制了同一个人物的小样，但是形象是不同的。真的是一千个读者有一千个哈姆雷特。那是因为，每一名阅读者，他们关注的语段不同，留给他们印象深刻的情节不同，或许这个情节与他的生活产生了链接，或许那个情节让他似曾相识，也可能这一段语言的描绘使孩子浮想联翩。于是，每一个小脑袋中都出现了一个属于自己的秃鹤、桑桑、纸月……我们看，这就是孩子心中的草房子中的人物形象。

学生解读创作想法：

我画的是桑桑和杜小康在一起骑自行车的情景。这个场景让我印象深刻。杜小康这个时候家庭经济情况很好，他有一辆自行车很让人羡慕。但是，杜小康并没有因此炫耀，而是去和桑桑分享快乐。我想，也就是因为这样，桑桑内心中把杜小康当成好朋友。

学生解读创作想法：

读完《草房子》这本书，很多情节我可能都忘记了，但是秦大奶奶我一直忘不了。她起初那么讨厌油麻地小学，但是在孩子们的感染下她也爱上了油麻地小学。救乔乔的那个情节，真让我感动。

学生解读创作想法：

桑桑和杜小康真是调皮，他们一起玩火。难怪他们是好朋友，原来他们的性格中有着相似的一面。

学生解读创作想法：

桑桑真是个勇敢的孩子。他为了保护纸月，把刘一水推到了水里。看到了同学受欺负，桑桑挺身而出，我挺佩服他的。

学生解读创作想法：

桑桑的性格实在是丰富。他勇敢，保护纸月上学；他淘气，把秃鹤的帽子藏起来了；他坚强，脖子上长了个大包，与病魔斗争；他爱发脾气，把鸽子赶跑了。

想象画面的策略正展现了每个孩子独特的理解与感悟。尤其对于文学作品的阅读，将黑白的、没有温度的文字符号，转化为彩色的、动态的、有生机的画面，带着读者如临其境、如闻其声、如见其人，那是阅读过程中多么美妙的境界啊！在阅读整本书中，能够想象画面的语言信息是非常丰富的，其共同点就是描写细腻。这些语言可以是环境描写，可以是人物外貌，可以是人物行为的细节等。需要注意的是，想象画面的目的并不是展示学生的美术功力，看看谁画的好，画的像，画的美，而是借助想象画面加强对语言文字的感受与体味。教师在采取想象画面的策略时，要引导学生说一说你为什么这样画，你是怎么想的，你读到书中哪些语言给了你这样的灵感？这样的引领，有意识地将画面与文字进行反复关照，以求学生在自主阅读时形成边读边走进文字展开想象的意识。

综上，品味细节，玩味语言，展开想象，建构画面，加深理解，体会情感，是可视化策略的重要途径。

（五）自我监控

谈起自我监控策略，我们又要回到家长常常问老师的那个问题：“为什么我的孩子读书不少却阅读能力不强呢？”回想我们的孩子在读书过程中，是不是有这样的时候？无论什么书籍都是浮光掠影地看个大概，小说了解一下情节，散文大致浏览，在阅读的过程中遇到不理解的地方，看不懂的地方，就让它过去吧！费什么脑子呢！于是，孩子看了一本又一本，都觉得自己看明白了，实际上阅读能力确实没有长进。阅读理解是怎样发生的呢？阅读者的认知水平与书籍中所呈现的认识、情感、观点出现落差，阅读者主动地去缩小差距的过程，就是理解的过程。这时候，阅读者的理解力在增长，阅读力在增长。然而，我们的学生在阅读中，当书籍中提供的信息、观点、认识与自己现有的理解层次产生落差时，采取的态度是视而不见，并没有试图通过资料的查阅、自主思考等一系列方式去解决理解中的障碍。而阅读理解的发生，恰恰在于阅读者现有的认知水平与作品中的信息形成了理解落差，阅读者主动减少差距，真正的理解才会发生。一部分学生的阅读停留在读而不思的阶段。这样的阅读仅仅是读到、看到，绝不是读出、看出。

这种情况不是发生在一两个学生的身上，而是一部分学生的实际阅读状况。学生的阅读状态，不禁让我想到了一位德高望重的老专家，脑科学的研究人温寒江教授，教授 90 多岁了，仍然精神矍铄。从我 1998 年进入工作岗位，就跟着温老做课题研究。一日，去温教授家请教，温老拿出自己正在阅读的一本书给我看，我翻阅着，忽然发现在书的空白处有这样的笔记：a 3 4 11 12 ……；b 6 24 34……；c 7 101……这些神秘的字母数字代表什么？我问温教授，温老说：“a 代表着我都读懂了，后面的页数是读懂的章节，b 代表还有一些不懂，c 代表这几页还没读明白。一知半解、还不明白的，我就会查阅资料，想办法读懂啊！这本书，哪有那么容易读明白呢！我们以为自己全明白了，其实，未必吧！”温教授的回答，给了我很大的触动。作为一名老专家，这么大岁数了还在不断地阅读，不断地思考。在阅读中，他习惯性地进行阅读的监控与调整，会边读边反思，自己读懂了吗？还有读不懂的地方吗？阅读中遇到了瓶颈，会想办法去解决。或许是查找资料，或许是与同伴交流，总之，解决困惑，突破理解的瓶颈！

阅读这件事情不是与生俱来的，是需要后天学习与培养的。阅读是一件极其要求自主性的活动。阅读者要有主动阅读的愿望，要在阅读过程中自我监控，这样才能达到读的效果。自我监控是指阅读主体在阅读全过程中的一种监督、调整和评价，其功能不仅仅是为了完成阅读理解，更重要的是为了检测其完成的阅读过程与效果，成为一种自觉阅读的意识。能够自我监控，是养成良好阅读习惯，形成阅读能力的关键一环。自我监控意识的形成、策略的获得是需要培养的。我们可以尝试着从以下四个方面入手。

1. 阅读计划的制订

在阅读前制订阅读计划，是阅读的第一步。也许您会说，我们阅读时就没有制订出阅读计划啊！对于一个成熟的阅读者来说，阅读计划在心里并不在纸上。而对于一个阅读的初学者来说，或者是走向成熟的阅读者来说，阅读计划的制订还是有一定必要的。

【案例】《不老泉》

教师：刚刚通过我们的交流，同学们对《不老泉》这本书产生了浓厚的阅读兴趣，很想找来读一读，是这样吗？这本书并不厚（教师手中拿着书，进行展示）只有 200 来页，情节又引人入胜。我读的时候，真是一口气读完的啊！不过，每个人的阅读习惯不一样，时间安排也不同，你计划用多长时间读完呢？在读的过程中，你会用什么方法呢？这节课还剩下 5 分钟的时间，你简单地填写一下自己的阅读计划吧！

学生根据自己的情况填写阅读计划。

我的阅读计划（请在相应选项上画“√”）：

（1）我计划每（天、周）阅读（　）页。

（2）在阅读的时候，我会这样做：推测情节（　）；回顾前文（　）；想象画面（　）；和同伴或父母交流（　）；其他 ________________________。

（3）“不动笔墨不读书”，所以在阅读的时候，我会边读边动笔：

标画词句（　）；写写批注（　）；其他＿＿＿＿＿＿＿＿＿＿＿＿。

我的阅读记录单：

阅读时间	起止页	内容梗概（关键词）	我的感受

2．阅读工具的建立

任何一位阅读者在阅读时都会遇到这样或那样的困难。就像前文讲到的温寒江教授读书的故事一样。有些章节读得懂，有些章节暂时还读不明白，这是阅读的常态。而阅读理解的增长也就发生在将读不明白的地方读明白，不断解惑的过程中。但是在实际阅读中，学生遇到困难往往会放弃、逃避，究竟是为什么？怎样才能引导学生迎难而上呢？这就需要帮助学生建立阅读工具。我们看下面两个教学片段。

【案例一】《战马》

教师：看到封面，知道了什么？提到战马，你还想知道什么？

学生：我知道了这个故事发生在第一次世界大战时期。

教师：有人了解一战吗？简单一两句话说一说。

学生：不知道。

教师：你们看老师这里有一战的资料，你们读一读知道了什么？

教师呈现资料：

这场战争是欧洲历史上破坏性最强的战争之一。大约有6500万人参战，1000多万人丧生，2000万人受伤。战争造成了严重的经济损失，给人类带来了深重灾难。

教师：在阅读一本书时，了解一部作品的创作背景是有必要的。

【案例二】《战马》

教师：看到封面，知道了什么？提到战马，你还想知道什么？

学生：我知道了这个故事发生在第一次世界大战时期。

教师：有人了解一战吗？简单一两句话说一说。

学生：不知道。

教师：在阅读一本书时，了解一部作品的创作背景是有必要的。我们现在对于第一次世界大战并不清楚，你有办法去了解吗？

学生：我可以问问家长，老师。

学生：可以上网，查百度啊！

教师：信息化时代，查询资料是很便捷的！查百度了解第一次世界大战是个办法，我建议咱们可以上网查百度百科，百度百科中的资料更准确一些。

学生：也可以看与第一次世界大战相关的书啊！

教师：对呀！阅读有关第一次世界大战的书。也有一些知识，我们可以查阅《百科全书》。其实，我们可以用阅读去解决阅读中的问题啊！那么，咱们就上网查一查吧！

师生上网在百度百科中查阅第一次世界大战的相关资料。

教师：通过你们的查阅，知道了什么？

学生：这场战争是欧洲历史上破坏性最强的战争之一。大约有6500万人参战，1000多万人丧生，2000万人受伤。战争造成了严重的经济损失，给人类带来了深重灾难……

以上两个教学片段，是一位教师两次执教时的不同处理。很显然，在第一次执教时，学生阅读出现了困难，不了解第一次世界大战的背景，教师采取的策略是我给你们补充资料。而当教师认识到，阅读这件事情最终要成为学生自己的学习、生活方式的时候，就会思考，一个读者的自然阅读状态，当阅读时遇到困难，自己有办法解决吗？于是，在第二次尝试时，教师没有将自己收集的资料直接给学生，而是在阅读过程中帮助阅读者建立丰富阅读体验，克服阅读困难的工具。“工具”可以是网络，可以是相关书籍，可以是同伴等。这就帮助学生建立了一种意识，读书时遇到困难很正常，我们有工具能帮助自己克服，辅助阅读。而不是遇到困难就跳过去，就逃避。

3. 阅读结果的评价

阅读了一本书后，阅读的效果如何？阅读者需要有自我评价的意识与方式。通过对阅读结果的评价，我们可以反思自己阅读的实效性，提高阅读的收益。如何评价阅读的结果呢？方式虽因书而异，因人而异，但也有规可循。

【案例一】《俗世奇人》

教师：冯骥才先生的这部传奇小说越读越有乐趣，每个人也有不一样的阅读感受。你对这本书有怎样的评价呢？你们即将升入高一年级了，如果让你将这本书推荐给学弟学妹阅读，你会写下怎样的推荐语呢？请你写在阅读推荐单上。

学生填写推荐单如下：

学弟学妹们：

今天我向你们推荐这本传奇小说集《俗世奇人》。这本书可有意思了。他的作者是冯骥才，冯骥才有一双女娲的手，他特别会写故事。这本书中的每一个奇人都有一个传奇故事。我最喜欢泥人张，他捏的泥人栩栩如生。我也喜欢刷子李，他刷墙的本事天下第一。你愿意打开这本书读一读吗？

【案例二】《绿山墙的安妮》

教师：阅读了这本《绿山墙的安妮》后，我想每一名同学的收获与思考都不一样。能和我们分享你阅读后的体会、收获或者是思考吗？比如，你对什么感兴趣？你读了这本书想到了什么？你还有哪些疑问？我们都可以交流。

学生：我想去看一看爱德华王子岛，小书里描写的景色实在是太迷人了。

学生：我知道《绿山墙的安妮》还有续集呢！是一个安妮系列，我想把其余的作品都读一读。

学生：我觉得自己和安妮很像，我也很乐观。读了这本书，我觉得我更有勇气面对困难了，要像安妮一样，对每个人都很善良，也要很倔强地去战胜困难。

教师：读完一本书我们每个人的感受不同，体验不同，这很正常。《绿山墙的安妮》这本书给你怎样的启发呢？你们看，老师为大家每个人准备了一个空白的书签，你可以将自己阅读后的启发写在书签上，时时鼓励自己，陪伴自己。如果你没有更多的感触，也可以抄写书中你认为精彩的语句或者是对你有触动的语句啊！如果我们每读完一本书，都用心地制作一枚阅读书签，相信每个书签会像你的朋友一样时时处处给你力量的！

学生制作的阅读书签：

以上两个课例呈现的评价方式不同，但是阅读评价的关注点有异曲同工之妙。教师关注的不是读了这本书后获得了多少知识，而是关注学生读完这本书

后的真实想法，切身感受，对于这本书的看法（内容、主题、情感、艺术形象等），力求让这本书真正与阅读者的生活产生链接。鼓励学生将阅读体验融入自己的背景经验，并乐于与他人分享自己的阅读感受。其实，回想我们的阅读生活，哪些书读了就像没读一样？哪些书读了让你记忆犹新？哪些书让你读了学以致用，甚至影响了你的一生？只要和我们情感产生共鸣，与我们的生活发生关联的书籍就会留有印象，甚至产生深远的影响，难道不是这样吗？因而，对于阅读一本书的评价，指向在情感体验、思想认识、生活启迪。

（六）联　系

“联系”在《现代汉语词典》中的解释为彼此接上关系。何为关系呢？就是指事物之间的相互作用与相互影响。其实，世上万物本身就处在错综复杂的关联之中。人类的大脑在面对孤立的、支离破碎的资料信息时并不能充分发挥功能，它善于处理有意义地连接在一起的信息形式，正如一个信息的共同体一样。记忆取自于群体联系的形式，即现实本身的形式。

阅读的过程是一个信息不断联系的过程，尤其对于整本书而言，整本书中的信息庞杂而丰富，情节与情节、人物与人物、环境与环境、情节与人物、环境与人物等方面，存在着千丝万缕的联系。我们读书时，常常有这样的经历，起初这里读不明白，但是不着急，往后读，读着读着，你回过头来再一看，柳暗花明，豁然开朗！这是为什么？因为读者把前后信息进行了关联，那里的因是这里的果，这里的因是那里的果。联系，在阅读中就表现为将零散的信息进行结构化的过程。在这个过程中，阅读者随着信息之间联系的不断深入，理解不断深化。一个人联系能力的高低直接反映出其阅读思维水平的高下。

比格斯教授和他的同事通过研究发现，人在学习新知识过程中表现出来的思维阶段其实是可以观察到的。因此称为“可观察的学习成果结构（SOLO，Structure of the Observed Learning Outcome）”。比格斯把学生的学习结果分为五个层次，各个层次及其表现如下表所示：

SOLO 层次	1. 能力	2. 思维操作	3. 一致性与收敛	4. 回答结构
抽象扩展结构	最高：问题线索 + 相关素材 + 相互关系 + 假设	演绎与归纳；能对未经历的情景进行概括	不一致性消失，不觉得一定要给出收敛的答案，即结论开放，可以允许逻辑上兼容的几个不同解答 R1、R2、R3	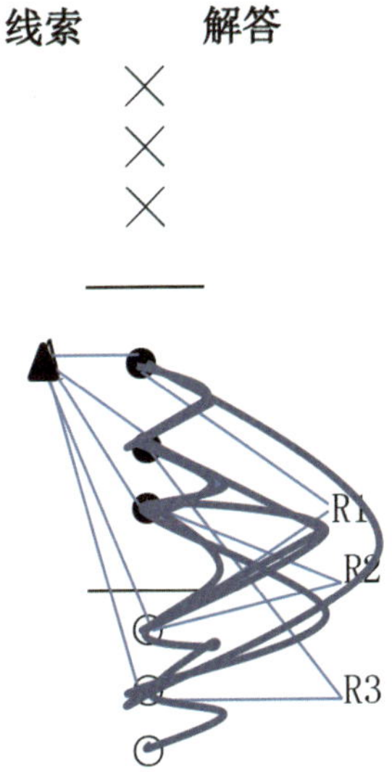
关联结构	高：问题线索 + 相关素材 + 相互关系	归纳；能在设定的情景或已经历的范围内利用相关知识进行概括	在设置的系统中没有不一致的问题，但因只有一种收敛方式，在系统之外可能会出现不一致	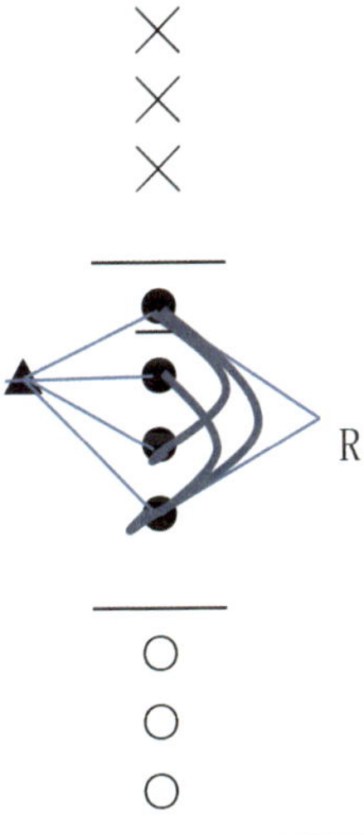

（续表）

SOLO层次	1. 能力	2. 思维操作	3. 一致性与收敛	4. 回答结构
多点结构	中：问题线索+多个孤立的相关素材	只根据几个有限的、孤立的事件进行“概括”	虽然想达到一致，但由于基本上只注意孤立的素材，而使回答收敛太快，从而导致用同样的素材得出不同的结论	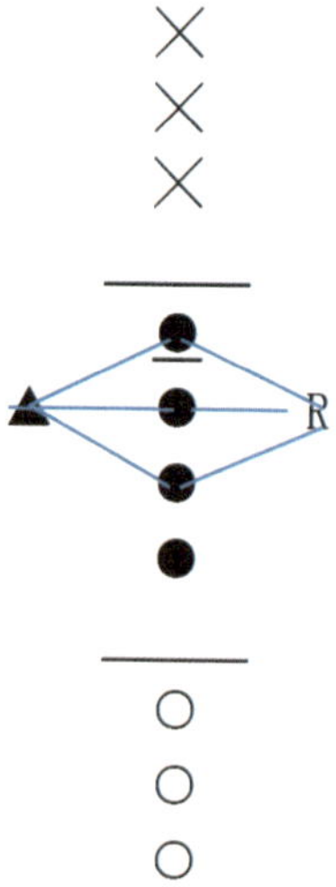
单点结构	低：问题线索+单个相关线索	只能联系单一事件进行“概括”	没有一致的感觉，迅速收敛，只接触到某一点就立刻跳到结论上去，因此结论非常不一致	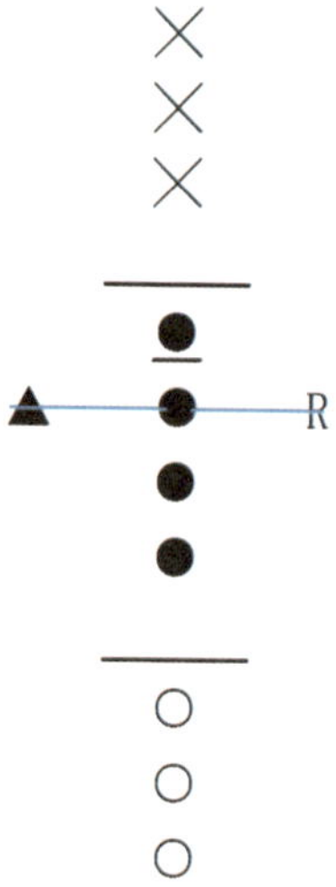

（续表）

SOLO层次	1. 能力	2. 思维操作	3. 一致性与收敛	4. 回答结构
前结构	最低：问题线索和解答线索混合	拒绝，同义反复，转换，跳跃到个别细节上	没有一致的感觉，甚至连问题是什么都没弄清楚就收敛了	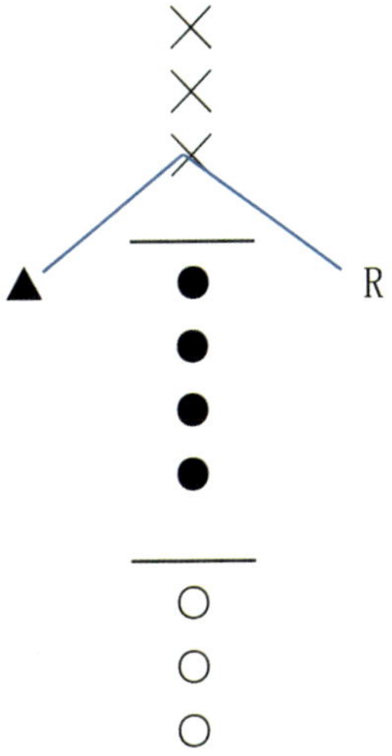

说明：× 表示不相关或不适当的素材；●表示给出的相关素材；○未给出的相关假设。

抽象拓展结构：学生能够对问题进行抽象的概括，从理论的高度分析问题，而且能够深化问题，使问题本身的意义得到拓展。

关联结构：学生找到了多个解决问题的思路，并且能够把这些思路结合起来思考。

多点结构：学生找到了多个解决问题的思路，但却未能把这些思路有机地整合起来。

单点结构：学生找到了一个解决问题的思路，但却就此收敛，单凭一点论据就跳到答案上去。

前结构：学生基本上无法理解问题和解决问题，只提供了一些逻辑混乱、没有论据支撑的答案。

由以上五个结构层次可以看出，思维的发展既要重视“量”的获得，即零散的信息点；也要关注零散信息的加工过程，即信息与信息之间的关系梳理、归并、比较、提炼、统整等，以获得“质”的提升。

整本书较单篇文章相比，书中的信息量庞杂，适合学生进行信息的加工、提炼、统整等，发展阅读者的阅读思维。同时，阅读者也只有将书中零散且丰富的信息进行加工、统整，将信息进行关联才能读懂这本书。因而，在阅读整本书时，联系这一阅读策略是必不可少的。

【案例一】《小英雄雨来》

教师：同学们读一读《伴读手册》中的节选，你对哪部分情节最感兴趣？你心中的小雨来是个怎样的孩子？一会儿我们将交流阅读后的感受。

学生所读节选涉及五个章节。

学生：我想和大家交流"危险的侦察"这个章节。小雨来明明知道侦察任务的危险性，但是他还是要去完成，我觉得他很勇敢。尤其是这个情节，雨来用胳臂抱住墙头，先把两腿悬空地伸下去。下面正好有一个不大的草垛。他想踩着草垛跳到院子里。突然，他"啊呀"惊叫一声。他感到脚下踩的不是草，低头一看，正踩在一个人的脑袋上。雨来想要把脚收回，那人伸手一拉，扑通一声跌倒在地上。雨来急忙向墙外喊："快跑，快跑！里头有敌人！"铁头、三钻儿他们反身跳进苇塘里。路北墙里的特务朝苇塘砰砰打了几枪。因为有芦苇和高粱遮掩，他们都安全地逃了出来。只有雨来落在敌人手里了。就是在最危险的时刻，雨来还想着让同伴先跑，不怕自己落在敌人手里。他就是我心目中的小英雄。

学生：我也有同感，我觉得雨来不仅勇敢，还很机智呢！在"快走吧"那个章节中，大人们遇到了难题，怎么把伤员运出村子去。当大家都没主意的时候，雨来却想出了好办法。他说，我有办法了，叫叔叔反穿着爸爸这件羊皮袍子，装羊。我当放羊的，岗哨准不注意，一下子就混出去了！起初大人还不相信，可仔细一想，这是个高招，采用了雨来的法子，将伤员送到了安全的地方。我想雨来小小年纪，和我们差不多大，真是有勇有谋啊！

教师：不同的章节，不一样的情节，你们看到了小雨来的不同特点，这些特点都吸引了我们。还有要交流的吗？

学生：我觉得，雨来也有胆子小的时候。比如"越胆小越害怕，越胆大越不怕"这个章节，同学们注意了吗？雨来居然怕鬼！书里是这么写的——旷野很静。只有偶然间，风吹着地里的干柴叶子，刷啦刷啦响。可以听得见自己鞋底擦着地，刷刷的响声。不知为什么，过去小朋友谈的话，偏这时候在雨来的耳朵里响起来。铁头说，狼啊、狐狸呀，都是黑夜里爬出窝，到野地里寻找可以捕捉的食物。铁头说，狼这种野兽专找单行人，你在路上走，它在背后跟着，突然地把两只前爪搭在你的肩膀头上。你一回头，它就趁势咬住你的脖子，咬断气管，把你咬死。雨来想起这些关于狼的故事，就一边走着，不住地瞪大眼睛向四下里看望。读到这里我觉得特别有意思，雨来和我一样，我一个人时，尤其是天黑的时候，就会害怕。大家看，雨来也害怕，也胆小。

同学们听了这名同学的分享，哈哈地笑出声。同学们的交流还在继续，教师则随机将学生的交流用导图的形式记录在黑板上。

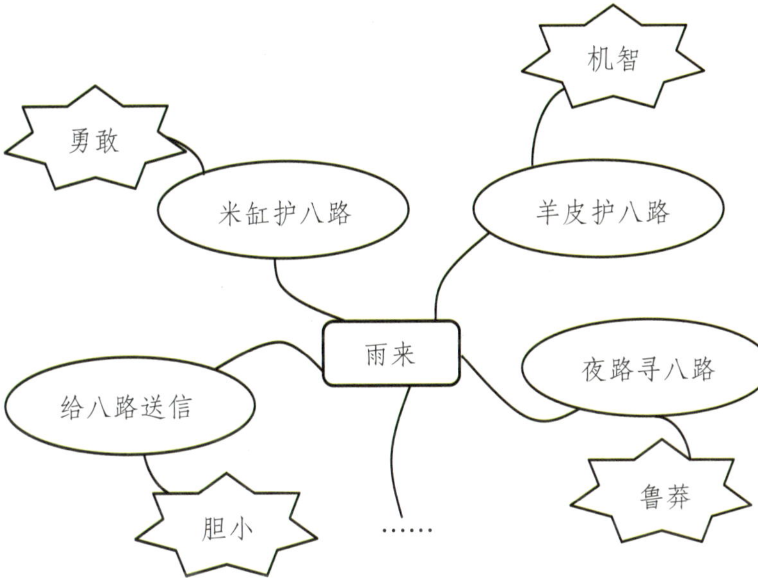

教师：同学们感兴趣的情节不同，感受到的小雨来的形象越来也丰富。看看咱们交流的记录，回想你们畅所欲言的内容，有什么发现或者是新的思考吗？

学生：我觉得小雨来挺矛盾的。

教师：矛盾？什么意思？你能表达清楚吗？

学生：在保护八路那一章中我看到他特别勇敢，还有很多情节也是看出他很勇敢。可是怎么在给八路送信的路上小雨来胆子那么小呢？都不像是同一个人了！

学生们此时纷纷表示有同感。

教师：像这样的所谓的矛盾，其实就是人物性格上好像有些冲突。当我们把一部作品，不同的章节联系起来读的时候，你们就会有这样的发现。再看看，还有类似的发现吗？

学生：在夜里找八路的情节中小雨来很鲁莽，还有一次他误入了敌人的阵营呢！可是，用羊皮掩护八路的时候小雨来心思多细腻啊！一点儿也不鲁莽！

学生继续热烈地讨论。

教师：通过前后章节中不同情节的联系，你们发现这个小雨来真是有点儿矛盾，有时勇敢，有时胆小，有时心细如发，有时鲁莽天真。这不就是小孩子的特点吗？我们的性格也是丰富的、多重的、有变化的啊！多么真实的人物啊！那么，我们再仔细想一想，既然小雨来送信时害怕鬼啊、野兽啊，他为什还要送信呢？胆子小就不要送信了嘛！

学生：因为他要把消息送到八路军手中，这样才能击垮敌人，战争才能取胜。他即使害怕，也要去送信。

教师：这就是小——英雄。“小”，他就像你们一般大，年龄小，他也是小孩子啊！天真、鲁莽，有时胆小呢！但他还是“英雄”，为了革命的胜利，他机智勇敢地与敌人斗争，不怕牺牲！所以这本书的名字叫《小英雄雨来》。在抗日战争时期，雨来只是小英雄的代表，像这样的小英雄还有很多，比如《小兵张嘎》的故事，你们也可以读一读。

《小英雄雨来》是研究团队开发的红色经典阅读中的重要书目。第一阶段的导读课面对的是四年级的孩子。学生在阅读过程中，对于雨来这一人物形象最感兴趣，然而感受单一。他们总是从整本书中的一个章节中的一个情节，就得出对人物形象的评价。其实，这样的阅读方式，与日常语文教学中阅读单篇作品时养成的阅读惯式是有一定关系的。教材中的单篇课文，可以在相对短的时间内达成完整性阅读。课文的内容并不复杂，信息也比较集中、单一。学生久而久之，就习惯了读了一篇、一部分语言素材就得出结论的阅读习惯。他们缺乏的恰恰是将前后情节、信息进行关联阅读的意识。整本书的阅读，就需要培养并运用联系的阅读策略，使学生的阅读思维不断地发展。

【案例二】《城南旧事》

教师：《城南旧事》以主人公小英子的成长为线索讲述了5个故事：《惠安馆》《我们看海去》《兰姨娘》《驴打滚》《爸爸的花儿落了》。在目录当中，有小英子怀念的人，有小英子怀念的事，也有小英子怀念的场景。请同学们根据自己喜欢的内容，分成小组进行共同阅读。看一看，你喜欢的这个故事当中，小英子发生了什么故事，一会咱们进行交流分享，为大家讲述你阅读到的内容。

学生：我喜欢《冬阳·童年·骆驼队》，小英子看骆驼咀嚼都发呆了，特别可爱。我站在骆驼面前，看它们吃草料咀嚼的样子：那样丑的脸，那样长的牙，那样安静的态度，它们咀嚼的时候，上牙和下牙交错着磨来磨去，大鼻孔里冒着热气，白沫子沾满胡须。我看得呆了，自己的牙齿也动起来。

教师：同学们一起看看这个故事，小英子看骆驼看得着迷了。那么，她的爸爸怎么对待骆驼的？

学生：爸爸已经和他们讲好价钱了。爸爸一心想的是讲价钱，对骆驼并不关心。

教师：同样的事物，英子和大人的视角完全不同啊。故事中还有这样的不同吗？

学生：有！为什么要系一个铃铛？爸爸告诉我，骆驼很怕狼，因为狼会咬它们，所以人类给它们戴上了铃铛，狼听见铃铛的声音，知道那是有人类在保护，就不敢侵犯了。英子觉得不是。它们软软的脚掌走在软软的沙漠上，没有一点点声音，你不是说，它们走上三天三夜都不喝一口水，只是不声不响地咀嚼着从胃里倒出来的食物吗？一定是拉骆驼的人类，耐不住那长途寂寞的旅程，所以才给骆驼戴上了铃铛，增加一些行路的情趣。

教师：这只是一个章节中，我们看到了同样的事物，英子和大人们看法不一样呀！那么，在其他的章节中，对于相同的事物、景色、人物，有这样的不同吗？围绕着这个话题，我们继续分享你的阅读感受。

学生：《我们看海去》里面的贼，英子虽然听不太懂他说的话，但是觉得他是一个大朋友，可以交一交。而大人们说他是贼。其实他也是万不得已，家里有老母亲，还有一个读书的弟弟，他是迫不得已才这样做的啊。书中写了，英子不知道他是好人，还是坏人，分不清这些，就像分不清海跟天一样。

同学们继续交流。

教师：阅读了不同的章节，将不同的章节联系起来比较，发现了什么？

学生：在每个故事中，英子和大人们看待问题总是不一样的。其实，我也会像英子一样看待事物。不像大人那样，总是在评判。

教师：我们读了不同的章节，当我们把几个章节联系在一起阅读比较时，就发现了相同之处。儿童与成人看待事物的角度是不同的。《城南旧事》这本书有一个特点，就是从儿童的视角去看世界。所以我们这么大的同学，和英子年龄相仿，读起来会有共鸣。请大家再次沉浸在阅读中，将几个章节联系起来阅读，还发现了什么？

学生：结尾很相似。

教师：请你把意思表达清楚，用文章举例子来说一说，这样对阐述你的观点会有所帮助。

学生：《冬阳·童年·骆驼队》的结尾是，骆驼队走了。《兰姨娘》的结尾是，我想哭，也想笑，不知什么滋味，看兰姨娘跟德先叔同进了马车，隔着窗子还跟我们招手。兰姨娘跟德先叔走了。《我们看海去》中的贼被抓走了。《爸爸的花儿落了》中爸爸去世了。几个故事中的人物都离开英子了。

教师：其他同学也发现了吗？这个发现太了不起了。为什么要以离别为结尾呢？作者的意图是什么呢？

在这个教学片段中，学生自主阅读了几个章节。如果仅仅看单篇，每一篇似乎是一个故事，每个故事的内容并不相同。但是，当我们引导学生运用联系的策略将《冬阳·童年·骆驼队》《惠安馆》《我们看海去》《兰姨娘》《驴打滚》《爸爸的花儿落了》，几个故事联系起来比较阅读时，学生会发现故事内容不同却有着相同之处。比如，叙述角度的独特，以儿童视角看世界，是那么天真、纯洁。故事的结尾有深意，每个章节故事的结尾都是离别。而这些相同之处，正是整本书《城南旧事》的灵魂。就像《冬阳·童年·骆驼队》中写的那样："可是，我是多么想念童年住在北京城南的那些景色和人物啊！我对自己说，把它们写下来吧，让实际的童年过去，心灵的童年永存下来。就这样，我写了一本《城南旧事》。"

林海音女士在《后记》中也写道：

我记得写上面这段小文的时候，便曾想，为了回忆童年，使之永恒，我何不写些故事，以我的童年为背景呢！于是这几年来，我陆续地完成了本书的这几篇。这些故事不一定是真的，但写着它们的时候，人物却不断地涌现在我的眼前，斜着嘴笑的兰姨娘，骑着小驴回老家的宋妈，不理我们小孩子的德先叔叔，椿树胡同的疯女人，井边的小伴侣，藏在草堆里的小偷儿。读者有没有注意，每一段故事的结尾，里面的主角都是离我而去，一直到最后的一篇《爸爸的花儿落了》，亲爱的爸爸也去了，我的童年结束了。那时我十三岁，开始负起不是小孩子该负的责任。如果说一个人一生要分几个段落的话，父亲的死，是我生命中一个重要的段落，我在父亲节写过一篇《我父》，仍是值得存录在这里的。

这部作品就是在儿童的视角下书写着成长，品尝了离别的滋味，构建着自己的精神家园。阅读时，我们引领着学生将几个故事联系着读，才能如作者一般想念着童年，回味着童年，那些人事景物一次次浮现在眼前。

（七）跨　界

跨界策略指阅读者在阅读一部作品时，通过突破学科边界、纸质阅读边界、领域边界等的互促阅读，以达成对此阅读作品的理解。

回想我们的阅读经历，在阅读某部作品时或许由于自身经验的不足，或许由于作品的年代久远等原因，在阅读时会产生距离感、艰涩感。怎样拉近书与阅读者的距离，降低阅读的难度，推进阅读的深入？在信息化、多元化的今天，一部优秀的文学作品往往以多种形态存在于我们的生活中。比如，四大名著，哪一部没有搬上银幕？《城南旧事》改拍的电影与这本书一样家喻户晓。这些资源，就是跨界阅读的资源，通过跨界的策略，推进阅读的前行。《红楼梦》可谓四大名著之首，但是对于小学阶段的学生而言阅读起来十分困难，比如，与学生的距离感，内容上的博大精深，语言上的文言白话等，即便是教师带着读，督促着读，阅读起来也往往因阅读障碍而望而却步。这时，我们不妨试试跨界阅读的方式。

【案例】《红楼梦》

教师：同学们，在我们的教材中（原人教版语文教材）有一篇《红楼梦》的节选《凤辣子初见林黛玉》。在王熙凤眼中的黛玉是什么样子呢？从凤辣子初见林黛玉的这个场面中，你了解到的黛玉有什么特点呢？

学生：王熙凤觉得黛玉是个标致的人物。天下真有这样标致的人物，我今儿才算见了。况且这通身的气派，竟不像老祖宗的外孙女儿，竟是个嫡亲的孙女。怨不得老祖宗天天口头心头，一时不忘。只可怜我这妹妹这样命苦，怎么姑妈偏就去世了。

学生：黛玉体弱多病。王熙凤问黛玉，现吃什么药？

教师：你们想看一看凤辣子初识林黛玉的场景吗？看看凤辣子眼中的黛玉。

教师播放87版《红楼梦》凤辣子初识林黛玉的片段：

教师：每个人心中都有一个林妹妹的形象，凤辣子眼中的黛玉标致、体弱，是老祖宗嫡亲的孙女儿。在学习这篇课文时，我们也交流过，《红楼梦》这部作品描写了黛玉和宝玉的爱情故事。那么，在宝玉眼中的黛玉是怎样的呢？他们初见时的情景你们想看一看吗？

教师播放越剧选段《天上掉下个林妹妹》。

唱词如下：

天上掉下个林妹妹，似一朵轻云刚出岫。娴静犹如花照水，行动好比风扶柳。眼前分明外来客，心底却似旧时友。

教师：宝黛初见，宝玉眼中的林妹妹什么样儿啊？

学生：宝玉眼中的黛玉柔弱、娴静。

学生：宝玉眼中的黛玉也是个标致的人物，娴静犹如花照水。

学生：宝玉眼中的黛玉瘦弱，体态轻盈，也有病态美。比如唱词中说，似一朵轻云刚出岫。

教师：这出越剧堪称经典，这段宝黛初见的一幕是经典中的经典。你们知道这段唱词在原著中是怎么写的吗？读一读《红楼梦》中的节选，对照着唱词，相信你一定能读懂。

原著节选：

两弯似蹙非蹙罥烟眉，一双似喜非喜含情目。态生两靥之愁，娇袭一身之病。泪光点点，娇喘微微。闲静时如姣花照水，行动处似弱柳扶风。心较比干多一窍，病如西子胜三分。

（蹙：皱，收缩；罥烟眉：形容眉色好看，像一缕轻烟；靥：酒窝。）

教师：同学们对黛玉的印象大多在人长得标致，身体弱不禁风。黛玉还有怎样的特点呢？读一读《红楼梦》中的节选。

第十八回　隔珠帘父女勉忠勤　搦湘管姊弟裁题咏（节选）

天上人间诸景备，芳园应锡大观名。写毕，向诸姊妹笑道：“我素乏捷才，且不长于吟咏，妹辈素所深知。今夜聊以塞责，不负斯景而已。异日少暇，必补撰《大观园记》并《省亲颂》等文，以记今日之事。妹辈亦各题一匾一诗，随才之长短，亦暂吟成，不可因我微才所缚。且喜宝玉竟知题咏，是我意外之想。此中‘潇湘馆’‘蘅芜苑’二处，我所极爱，次之‘怡红院’‘浣葛山庄’，此四大处，必得别有章句题咏方妙。前所题之联虽佳，如今再各赋五言律一首，使我当面试过，方不负我自幼教授之苦心。”宝玉只得答应了，下来自去构思。

迎、探、惜三人之中，要算探春又出于姊妹之上，然自忖亦难与薛林争衡，只得勉强随众塞责而已。李纨也勉强凑成一律。贾妃先挨次看姊妹们的，写的是：

旷性怡情匾额

（迎春）

园成景备特精奇，奉命羞题额旷怡。
谁信世间有此境，游来宁不畅神思？

万象争辉匾额

（探春）

名园筑出势巍巍，奉命何惭学浅微。
精妙一时言不出，果然万物生光辉。

文章造化匾额惜春

山水横拖千里外，楼台高起五云中。
园修日月光辉里，景夺文章造化功。

文采风流匾额

（李纨）

秀水明山抱复回，风流文采胜蓬莱。
绿裁歌扇迷芳草，红衬湘裙舞落梅。
珠玉自应传盛世，神仙何幸下瑶台。
名园一自邀游赏，未许凡人到此来。

凝晖钟瑞匾额

（薛宝钗）

芳园筑向帝城西，华日祥云笼罩奇。
高柳喜迁莺出谷，修篁时待凤来仪。
文风已著宸游夕，孝化应隆归省时。
睿藻仙才盈彩笔，自惭何敢再为辞。

世外仙源匾额

（林黛玉）

名园筑何处，仙境别红尘。

借得山川秀，添来景物新。

香融金谷酒，花媚玉堂人。

何幸邀恩宠，宫车过往频。

……

此时林黛玉未得展其抱负，自是不快。因见宝玉独作四律，大费神思，何不代他作两首，也省他些精神不到之处。想着，便也走至宝玉案旁，悄问："可都有了？"宝玉道："才有了三首，只少'杏帘在望'一首了。"黛玉道："既如此，你只抄录前三首罢。赶你写完那三首，我也替你作出这首了。"说毕，低头一想，早已吟成一律，便写在纸条上，搓成个团子，掷在他跟前。宝玉打开一看，只觉此首比自己所作的三首高过十倍，真是喜出望外，遂忙恭楷呈上。贾妃看道：

有凤来仪

（臣宝玉谨题）

秀玉初成实，堪宜待凤凰。

竿竿青欲滴，个个绿生凉。

迸砌妨阶水，穿帘碍鼎香。

莫摇清碎影，好梦昼初长。

蘅芷清芬

蘅芜满净苑，萝薜助芬芳。

软衬三春草，柔拖一缕香。

轻烟迷曲径，冷翠滴回廊。

谁谓池塘曲，谢家幽梦长。

怡红快绿

深庭长日静，两两出婵娟。

绿蜡春犹卷，红妆夜未眠。

凭栏垂绛袖，倚石护青烟。
对立东风里，主人应解怜。

杏帘在望

杏帘招客饮，在望有山庄。
菱荇鹅儿水，桑榆燕子梁。
一畦春韭绿，十里稻花香。
盛世无饥馁，何须耕织忙。

贾妃看毕，喜之不尽，说："果然进益了！"又指《杏帘》一首为前三首之冠。

学生：黛玉特别有才情啊！贾妃认为是前三首之冠的《杏帘》其实是黛玉写的啊！

教师：不仅如此，《红楼梦》中还有多次关于起诗社、赛诗词的描写。记得，三十七和三十八回就写了众人以《菊花》为题作诗。待作完后，品评时，李纨曾说，办诗社就是她的创意，她说："今日公评：《咏菊》第一、《问菊》第二、《菊梦》第三，题目新，诗也新，立意更新了。"而这包揽前三名的菊花诗，皆出自黛玉之手。

教师：黛玉还是怎样一个女子呢？《葬花吟》是小说《红楼梦》第二十七回中林黛玉所吟诵的一首古体诗。我们一起听一听曲子，品一品诗词。

教师播放歌曲《葬花吟》　演唱者陈力：

《葬花吟》

花谢花飞花满天，红消香断有谁怜？
游丝软系飘春榭，落絮轻沾扑绣帘。
闺中女儿惜春暮，愁绪满怀无释处。
手把花锄出绣帘，忍踏落花来复去。
柳丝榆荚自芳菲，不管桃飘与李飞；
桃李明年能再发，明年闺中知有谁？
三月香巢已垒成，梁间燕子太无情！
明年花发虽可啄，却不道人去梁空巢也倾。
一年三百六十日，风刀霜剑严相逼；

明媚鲜妍能几时，一朝漂泊难寻觅。
花开易见落难寻，阶前愁杀葬花人，
独倚花锄泪暗洒，洒上空枝见血痕。
杜鹃无语正黄昏，荷锄归去掩重门；
青灯照壁人初睡，冷雨敲窗被未温。
怪奴底事倍伤神？半为怜春半恼春。
怜春忽至恼忽去，至又无言去未闻。
昨宵庭外悲歌发，知是花魂与鸟魂？
花魂鸟魂总难留，鸟自无言花自羞；
愿侬此日生双翼，随花飞到天尽头。
天尽头，何处有香丘？
未若锦囊收艳骨，一抔净土掩风流。
质本洁来还洁去，强于污淖陷渠沟。
尔今死去侬收葬，未卜侬身何日丧？
侬今葬花人笑痴，他年葬侬知是谁？
试看春残花渐落，便是红颜老死时；
一朝春尽红颜老，花落人亡两不知！

教师：听完这首《葬花吟》，你又有怎样的感受，你对黛玉的了解多一些了吗？或者关于这个人物你有什么好奇之处吗？

学生：我觉得黛玉的命运很不好，应该是死了，是一个悲剧人物。

教师：你看过《红楼梦》吗？这是你的推测吗？

学生：我没看过，是推测的。

教师：为什么有这样的推测？

学生：这个曲子很悲伤，是黛玉葬花时唱的。最后一句，花落人亡两不知。预示着她的命运。

教师：其他同学怎么想的呢？

学生：我也这么觉得。

学生：我知道黛玉的结局，她没有嫁给贾宝玉，死了。

教师：对黛玉这个人物，你们想继续了解什么呢？

学生：她经历什么？怎么那么一个标致有才情的女子是这样的结局？

学生：她和宝玉为什么没有在一起？

……

教师：《红楼梦》这部作品被称为我国古典文学的巅峰之作。有关《红楼梦》的电影、电视剧拍了一部又一部，甚至还产生了一门专门研究《红楼梦》的“红学”。同学们在阅读这本书的时候，可以参考有关《红楼梦》的电影、电视剧、戏曲、歌曲等，会对你的阅读有很大的帮助。

在《红楼梦》导读中，教师就采取了跨界阅读的方式，也在有意识地帮助学生学会跨界阅读的策略。跨界阅读并不是简单地将一部作品的相关资源进行链接。这种方式的核心目的，是借助各种资源以达成对此作品的理解，各类资源发挥了他山之玉的作用。另外，在资源选择上，要谨慎。尤其是面对学生，教师要尽可能将可跨界的资源筛选后推荐给学生。要选择高品质的资源，发挥其跨界的作用。比如在研究《红楼梦》导读的过程中，执教的是位年轻教师，他考虑到了用影视作品进行跨界，选择的电视剧并不是 87 版，而是另外一个版本，从品质上与 87 版比较确实有着相当大的差异。87 版《红楼梦》是经典之作，跨界时要以经典对接经典为宜。比如《西游记》进行跨界阅读，有六小龄童拍摄的连续剧，也有上海美术电影制片厂的《大闹天空》等。

【案例二】《战马》

教师：在一个弥漫着硝烟的清晨——

课件滚动出示小说节选：

我记得那天是天快亮的时候，我正在啃吃他们尸体附近的青草。忽然，子弹的呼啸声中传来摩托车行驶发出的噪音，还伴随着非常可怕的金属的咣当声，这让我一下子竖起耳朵。这声音从小桥那里传出，正是士兵们消失的方向。金属摩擦声和摩托车的咆哮每分钟都在逼近，枪炮声完全消失时，这声音越发响亮。那是我平生第一次见到坦克，尽管我当时还不认识那东西。黎明时分，山后的天空蒙蒙亮，空气中带着寒意，一辆坦克从山头开来。它是一个巨大的灰色怪物，轰隆隆地冲下山坡朝我开来，后面还喷出烟雾。

教师：读了这个部分，你能感受到乔伊此刻有着怎样的心情吗？

学生：它一定很担心，很紧张。

学生：乔伊很害怕，这庞然大物是什么呢？

教师：你们知道这庞然大物是什么吗？

学生：我觉得是坦克吧！

教师播放史蒂文·斯皮尔伯格执导的电影《战马》片段。

学生观看后情趣盎然。

教师：猜一猜，接下来会发生什么？你想继续了解什么？

学生：乔伊得救了吗？

学生：乔伊还能找到自己的主人吗？

……

英国作家迈克尔·莫尔普戈的小说《战马》，在跨界阅读时就可以选用由史蒂文·斯皮尔伯格执导的电影。《战马》一书与电影跨界对接，也可谓经典对接经典。

关于整本书阅读的策略有几点需要进一步阐明。

其一，获得阅读策略是实现阅读需要、提升阅读能力、形成阅读素养的手段，不是阅读的根本目的。在整本书阅读全程指导的研究过程中，一些教师误以为研究策略是根本，将阅读全程指导的过程看成学生学习阅读策略的过程，而将阅读的根本目的抛诸脑后。这无异于买椟还珠。

其二，就阅读策略而言，整本书阅读的策略与单篇阅读的策略并不是相对的，而是一体化的。单篇的阅读策略在整本书阅读中同样适用，整本书的阅读策略一旦掌握，也能运用到单篇作品的阅读中去。策略最终要根据阅读者的需要进行自主选择，为阅读者所用，只要能为了实现阅读目的而服务的策略就是适合的。

其三，阅读策略远不止以上种种。比如，阅读时常常用到的批注策略，找出重点的策略，概括策略等。还有更多的策略，是需要教师在教学实践中不断摸索与提炼的，这里不再一一赘述。

其四，在阅读一本书时往往是多种策略同时使用或交错使用，不限于一种。因此，教师要引导学生能够根据阅读需要选择适合的策略，为我所用。

六、不同的书，不同的读法

不同的书有不同的读法，书的“不同”表现在很多方面。文学体裁的不同，有童话、小说、散文等。读童话，就不要纠结于故事的真实性；读小说就不要将小说中的“我”误当成作者；读散文，却恰恰要在文章中与作者相遇。即使是小说，不同的类型读出的内容也是不同的：传奇小说，沉浸在故事的奇绝当中；成长小说，读出人物的成长变化；科幻小说，进入奇妙的幻想世界……正是因为每本书的作者不同、创作风格不同、写作背景不同、创作意图不同等诸多不同之处，才使得“这一本”具有了独特的文学价值，有其自己的灵魂。“不同的书”决定了“不同的读法”，而“读法”要符合这本书的特点，要贴近“这一本”的灵魂。如果能通过“这一本”掌握“这一类”，学生的阅读就找到了一把把金钥匙，有助于推开一扇扇阅读之门。

在明确了整本书阅读的研究方向后，研究组的教师深入课堂，进行了大量的教学实践。目前，共同研究实践的不同文学体裁的书籍近百本，在这里仅选择一些具有代表性的书籍与案例，以说明“不同的书，不同的读法”。课例中有笔者亲自设计执教的案例，也有指导研究组教师实践的案例。我相信，一个人可以走得很快，一群志同道合的伙伴可以走得更远。在这里感谢为整本书阅读研究作出贡献的老师们：黄赞、赵军、刘乐、范继涵、楼晓、赵媛媛、于婷婷、胡晓妹、汤娟娟、孙小涵、樊绍怡。

在以下呈现的案例中，大致分为“推荐版本”“内容梗概”“作者简介”“推荐理由”“全程指导”“静心省思”及“拓展阅读”几个部分。其中，“推荐理由”从三个角度考虑：这本书的社会影响、文学价值以及教学价值。“全程指导”是一线教师的实践案例，案例中将阅读指导过程以实践模块的形式呈现出来，此模块主要包括“活动资源”（即阅读活动中需要的文字、音频、视频等一切教学资源）、“实践平台”（即学生阅读实践活动的要求提示）、“教师分享”（即教师的引领、启发、布置后续学习任务）等部分。“静心省思”是笔者在教学实践后回顾实践过程，进行反观与审视，从感性认识提升为理性思考的梳理。“纸上得来终觉浅，绝知此事要躬行”，研究团队将理论与实践结合起来，在实践中出真知。

（一）童话——展开想象　走进想象王国

一

推荐版本

	作者：叶圣陶
	出版社：北京教育出版社
	出版时间：2015 年 4 月

内容梗概

《稻草人》是叶圣陶 1922 年完成的一篇童话，刊登在 1923 年 5 卷 1 期的《儿童世界》杂志上。之后，作者把 1921~1922 上半年创作的 23 篇童话集结出版，名为《稻草人》。

鲁迅曾经说过："叶绍钧先生的《稻草人》是给中国的童话开了一条自己创作的路。"丁玲曾经称赞叶圣陶的童话作品能够启迪人们对社会更多的思考。叶圣陶的童话是简单的，但是却拥有深刻的内涵。他相信儿童对周围环境拥有个人的看法，所以应当提高他们的批判能力。

走进作家编织的童话世界，我们会感受到真善美的力量，也有对假恶丑的批判。在书中，我们会看到离开家乡的小白船、漂泊的梧桐子，也想知道会不会有人解救受伤的小燕子；稻草人每天站在稻田里会想些什么；晚上许多书聚在一起，它们会聊些什么话题？

作者简介

叶圣陶，原名叶绍钧，字秉臣，我国现代著名作家、教育家、编辑家、文学出版家和社会活动家。他是"五四"新文化运动的先驱者，是文学研究会在创作上最有成绩的作家之一，也是“五四”时期除鲁迅之外最重要的现实主义小说家。1923 年创作了我国第一部童话集《稻草人》，其中《小白船》是他的第一篇童话，表达的是“爱”和“善”的理想主义。叶圣陶还有着长期的编辑生涯，编辑过多种语文教育刊物和几十种中小学语文教科书，撰写过十多本语文教育方面的论著，为语文教育事业作出了重要贡献。

阅读随笔

推荐理由

作为一名作家，叶圣陶是中国儿童文学的奠基人，是中国现代童话创作的拓荒者。他的童话作品是我国现代儿童文学经典宝库中的珍品，在海内外享有很高声誉，不少作品被收入中小学课本，影响了几代人。他的童话虽然写于 20 世纪上半叶，但集中反映了当时的时代脉搏以及少年儿童和作家在那个时代的生活、理想和追求，至今仍有重要的现实意义和教育价值。

叶圣陶的童话，有着清新的风格、优美的意境，因此他也被称为优秀的语言艺术家。走进这本书，我们会感受到语言的流畅和优美。除此以外，故事中的情感表达也特别贴近人物，同时又有着奇思妙想，能带给孩子爱的熏陶和丰富的想象。

此外，统编语文教材三年级的“快乐读书吧”栏目也录入了《稻草人》的节选，并推荐阅读这本书。

全程指导

执教教师：楼晓

教学目标：

1. 通过阅读《稻草人》中的几篇童话，了解故事内容，体会童话世界的美好。

2. 感受童话丰富的想象，以及《稻草人》这本童话故事集想象与现实相结合的特点。

3. 激发阅读《稻草人》的兴趣，感受童话阅读的乐趣。

实施阶段：第一阶段（读前导读）

模块一：一首儿歌，一位作家

活动资源

《小小的船》乐谱与歌曲

小小的船

弯弯的月儿小小的船，

小小的船儿两头尖，

我在小小的船里坐，

只看见闪闪的星儿蓝蓝的天。

实践平台

1. 播放《小小的船》，听着乐曲，轻声唱和。

2. 认读儿歌，猜测作者是谁，感受丰富想象。

教师分享

1. 书籍背景：儿歌《小小的船》是统编版一年级语文课文，作者是我国著名的文学家和教育家叶圣陶先生。叶圣陶先生非常喜欢孩子，为儿童写了很多的童话故事。他把这些童话故事合在一起，就是新中国第一本童话故事集——《稻草人》。

2. 内容概览：《稻草人》这本书是1923年出版的，距今已经快100年了。在童话世界中，叶圣陶先生展开丰富的想象，让动物、植物以及没有生命的事物有了生命和灵性，通过它们的眼睛，让我们看到一个现实的世界和一颗颗美好的心。

阅读随笔

模块二：一个故事，引发想象

活动资源

《稻草人》（开头）

稻草人是农人亲手造的。他的骨架子是竹园里的细竹枝，他的肌肉、皮肤是隔年的黄稻草。破竹篮子、残荷叶都可以做他的帽子；帽子下面的脸平板板的，分不清哪里是鼻子，哪里是眼睛。他的手没有手指，却拿着一把破扇子——其实也不能算拿，不过用线拴住扇柄，挂在手上罢了。他的骨架子长得很，脚底下还有一段，农人把这一段插在田地中间的泥土里，他就整天整夜站在那里了。

《稻草人》（节选）

田野里白天的风景和情形，有诗人把它写成美妙的诗，有画家把它画成生动的画。到了夜间，诗人喝了酒，有些醉了；画家呢，正在抱着精致的乐器低低地唱：都没有工夫到田野里来。那么，还有谁把田野里夜间的风景和情形告诉人们呢？有，还有，就是稻草人。

基督教里的人说，人是上帝亲手造的。且不问这句话对不对，咱们可以套一句说，稻草人是农人亲手造的。他的骨架子是竹园里的细竹枝，他的肌肉、皮肤是隔年的黄稻草。破竹篮子、残荷叶都可以做他的帽子；帽子下面的脸平板板的，分不清哪里是鼻子，哪里是眼睛。他的手没有手指，却拿着一把破扇子——其实也不能算拿，不过用线拴住扇柄，挂在手上罢了。他的骨架子长得很，脚底下还有一段，农人把这一段插在田地中间的泥土里，他就整天整夜站在那里了。

稻草人非常尽责任。要是拿牛跟他比，牛比他懒怠多了，有时躺在地上，抬起头看天。要是拿狗跟他比，狗比他顽皮多了，有时到处乱跑，累得主人四外去找寻。他从来不嫌烦，像牛那样躺着看天；也从来不贪玩，像狗那样到处乱跑。他安安静静地看着田地，手里的扇子轻轻摇动，赶走那些飞来的小雀，他们是来吃新结的稻穗的。他不吃饭，也不睡觉，就是坐下歇一歇也不肯，总是直挺挺地站在那里。

这是当然的，田野里夜间的风景和情形，只有稻草人知道得最清楚，也知道得最多。他知道露水怎么样洒在草叶上，露水的味道怎么样香甜；他知道星星怎么样眨眼，月亮怎么样笑；他知道夜间的田野怎么样沉静，花草树木怎么样酣睡；他知道小虫们怎么样你找我、我找你，蝴蝶们怎么样恋爱：总之，夜间的一切他都知道得清清楚楚。

以下就讲讲稻草人在夜间遇见的几件事情。

……

实践平台

1. 交流生活中稻草人的样子和作用。

2. 边阅读开头边想象作家笔下稻草人的样子，并猜测故事内容。

3. 读《稻草人》这个故事，边阅读边把猜想和故事进行对照。

4. 共同交流阅读感受：稻草人看到了什么景象？和你想象的一样吗？他想不想帮忙？能不能帮忙？说说理由。

教师分享

稻草人本来是没有生命的，但是在童话故事里，作者却把它想象成会用眼睛去看，会伤心、着急、难过的人，这就是童话故事充满想象的地方。稻草人尽管看得见，心里着急，但是却无能为力，因为它是稻草人，只能被深深地插在泥土里，一动都不能动。

这个故事写于1921年，那个时候的中国贫穷落后，人们生活很困苦，叶圣陶先生看到这些很难过，但却无能为力，他就借用童话中稻草人的眼睛看到的一切以及稻草人的心情，表达自己的感受。既有丰富的想象又有现实的一面，这是叶圣陶童话的特点。同时在这悲伤苦难中，我们看到稻草人是善良的，这又是童话的美好之处。

模块三：不同片段，感受美好

活动资源

《稻草人》童话故事集几个故事的片段：

清澈见底的小河是鲤鱼们的家。白天，金粉似的太阳光洒在河面上，又细又软的波纹好像一层薄薄的轻纱。在这层轻纱下面，鱼儿们过着十分安逸的日子。夜晚，湛蓝的天空笼罩着河面，小河的一切都睡着了。鲤鱼们也睡着了，连梦儿也十分甜蜜，有银盘似的月亮和宝石似的星星在天空里守着它们。

——《鲤鱼的遇险》

一条小溪是各种可爱的东西的家。小红花站在那儿，只顾微笑，有时还跳起好看的舞来。绿色的草上缀着露珠，好像仙人的衣服上的珍珠，照得人眼花。水面上铺着青色的萍叶，矗起一朵朵黄色的萍花，好像热带地方的睡莲——可以说是小人国里的睡莲。小鱼儿成群地来来往往，细得像绣花针，只有两颗大眼珠闪闪发光。

——《小白船》

许多梧桐子，他们真快活呢。他们穿着碧绿的新衣，都站在窗沿上游戏。周围张着绿绸似的帷幕。一阵风吹来，绿绸似的帷幕飘动起来，像幽静的庭院。

阅读随笔

从帷幕的缝里，他们可以看见深蓝的天，看见天空中飞过的鸟儿，看见像仙人的衣裳似的白云；晚上，他们可以看见永远笑嘻嘻的月亮，看见俏皮的眨着眼睛的星星，看见白玉的桥一般的银河，看见提着灯游行的萤火虫。他们看得高兴极了，轻轻地唱起歌来。这时候，隔壁的柿子也唱了，下面的秋海棠也唱了，石阶底下的蟋蟀也唱了。

——《梧桐子》

实践平台

1. 在这几个故事中，小鱼在水里无忧无虑的生活，小溪成了各种可爱东西的家，梧桐子穿着碧绿的衣服做游戏，请你把自己当作他们中的一员读一读。

2. 读了这几个故事的片段，交流感受，或者把喜欢的句子和大家分享。

模块四：一组目录，引发期待

活动资源

目　录

实践平台

1. 在这本书中，还有许许多的故事，大家一起看看目录。

2. 交流最想读哪个故事？说说理由。

实施阶段：第二阶段（读中推进）

阅读随笔

模块一：在分享中感受可爱的万物

实践平台

1. 阅读分享第一组故事：《小白船》《新的表》《一粒种子》《梧桐子》。

2. 想一想每个故事分别讲的是什么内容？读懂了些什么？

教师分享

1.《小白船》中男孩和女孩的回答赢得了“那个人”赞赏的原因，是因为这回答体现了他们对爱善和纯洁的追求。

2.《新的表》提醒我们要注意时间，不能浪费时间，对自己不了解的东西要多学多问，不能生搬硬套，不然就该像愚儿一样闹笑话了。

3.《一粒种子》中为什么国王、富翁、商人种的种子不开花呢？那是因为他们都想让种子带来什么利益。

4.《梧桐子》中我们每一位孩子都是一颗种子，不仅需要爸爸妈妈老师的施肥浇水，还要靠自己的努力，多听别人的劝告，才能开出漂亮的花朵。

模块二：在对比中体会多彩的人物

实践平台

1. 阅读分享第二组故事：《傻子》《快乐的人》

《燕子》《稻草人》。

2. 边读边思考“傻子”是真的傻吗？“快乐的人”是真的快乐吗？

3. 小燕子和稻草人生活的地方有什么不同？结局有什么不同？

教师分享

1. 这里的“人物”指的是童话中的人物或小动物，是围绕一个童话人物或小动物展开的故事。

2. “傻子”看起来傻乎乎的，但是，他代替师兄受罚，把钱还给失主，劝国王停止战争，这样让我们感到他其实很善良。

3. “快乐的人”被一层幕包围着，感受不到人们的苦难，这快乐不是真实的，只见快乐不见痛苦，是一种可悲。反着写就是表面上看起来和实际的样子是相反的，这样能更好地突出人物的特点，用傻子衬托善良，用“快乐”讽刺麻木。

4. “小燕子”不幸被泥弹打中，受了伤，柳树、池塘里的水、蜜蜂、棠棣花分别安慰它。青子和玉儿把它带回家悉心照料，帮它找到了妈妈。

5. “稻草人”看到那么多伤心的事情，感到无能为力，很多人生活非常困难，所以就伤心地倒在地上。叶圣陶也生活在穷苦动荡的社会，却无能为力，只能借稻草人表达自己的感受，并发出呼喊。

模块三：在想象中走进神奇的世界

实践平台

1. 阅读分享第三组故事：《地球》《富翁》《鲤鱼的遇险》《书的夜话》。

2. 边读边思考故事的内容，这些故事给我们带来什么启示？

教师分享

1.《傻子》中“傻子”帮助人为什么就是善良，《地球》中“聪明的人”帮助柔弱的人却越帮越累了呢？说明帮助别人也要有方法，要教给方法。《富翁》中大家都忘记了劳动的意义，金钱不是生活的最终目的，劳动是一种珍贵的品质。《鲤鱼的遇险中》虽然在我们看起来木桶很普通，但是鲤鱼逃脱却很惊险，所以遇到困难我们应该急中生智，发挥集体的智慧。《书的夜话》告诉我们读书不只是买、收藏，而要真正看。读书不要偷懒，也不能作为追求名声的工具。

不要死读书，要把读书和为社会做贡献结合起来。

2. 童话最大的特点就是充满想象，环境、人物、情节都需要想象。通过展开想象，走进童话世界；通过阅读童话，带给我们启迪与思考，这就是童话的力量。

阅读随笔

静心省思

《稻草人》是统编版语文三年级教材第三单元的“快乐读书吧”中向孩子们推荐的一本书。这个单元的人文主题是：“乘着想象的翅膀，游历奇妙的童话王国。看花儿跳舞，听星星唱歌。”这个单元的语文要素是：“感受童话丰富的想象。试着自己编童话，写童话。”结合这个单元的学习要求，我们设计了《稻草人》一书的阅读方案。在指导过程中，延续了这个单元的语文要素，紧紧抓住童话“想象”的特点，展开阅读。想象可以从不同角度展开，想象情节、想象人物、想象细节、想象画面等，也可以把自己当成童话中的角色进入故事体会情感。学生展开想象走进了童话世界，教师又引领着学生去触摸叶圣陶笔下童话世界的特点，在教学中几次将童话与现实进行关联，感受叶圣陶先生童话中现实的一面。学生是三年级的孩子，他们的认识水平不够深刻，因此对于现实层面的体会，只是浅浅地遇见，并不深究。

拓展阅读

《叶圣陶儿童文学全集》

二

推荐版本

<table>
<tr><td rowspan="3">
</td><td>作者：安徒生</td></tr>
<tr><td>出版社：天津人民出版社</td></tr>
<tr><td>出版时间：2014 年 4 月</td></tr>
</table>

内容梗概

《安徒生童话全集》收录了《海的女儿》《丑小鸭》《卖火柴的小女孩》《拇指姑娘》等 166 篇童话大师安徒生用 40 年心血创作的童话故事。他的童话使读者从感人的诗境和意境中发现真理，发现人类灵魂中的诚实、美丽、善良……从而使人们的感情得到净化与升华。

书中的每篇童话故事后面，译者叶君健都写了一些有关作品的写作和出版背景，以及自己对有关作品的体会，以便帮助读者更好地理解安徒生作品的特点及其创作意图，更好地读懂安徒生童话。

作者简介

安徒生是丹麦 19 世纪著名作家、现代儿童文学和童话奠基人。安徒生一生创作了 168 篇童话，这些童话至今已被译为 150 多种语言，并陆续在全球出版、发行，深受世界各国读者的喜爱。

由于在童话创作上的杰出贡献，安徒生获得了“丹麦国旗勋章”，他创作的《海的女儿》也成为丹麦的象征。以他名字命名的“国际安徒生奖”被称为“儿童文学的诺贝尔奖”，以奖励世界范围内优秀的儿童图书作家和插图画家。

推荐理由

安徒生开辟了世界儿童文学的新时代，是童话的直接创造者，被称为“现代童话之父”“世界童话之王”。

安徒生童话经过两个世纪仍流传至今，有着几百年的历史。他的童话具有很强的吸引力，甚至令人着迷。这其中不仅包括“故事”，还涉及以“浪漫主义幻想”手法所写的儿童“散文”“散文诗”和以现实主义手法所写的儿童“小说”。他的文笔诙谐而又柔和，灵动轻巧而又饱含浓重的忧伤和哀婉。安徒生创作了 168 篇童话，学生们读过的只是他众多童话中的“冰山一角”。而《安徒生童话全集》这本书中收录了他创作的 166 篇童话故事。

安徒生童话是我们的祖辈、父辈就阅读的童话故事，它伴随着一代又一代人的成长。统编版语文三年级上册教材安排了“童话”单元，并以“感受童话丰富的想象”“试着自己编童话，写童话”作为本单元的训练重点。这册教材中的“快乐读书吧”栏目也向学生推荐了《安徒生童话》。

全程指导

执教教师：胡晓妹

教学目标：

1. 激发学生阅读《安徒生童话全集》的兴趣，点燃阅读期待。

2. 引导学生感受童话丰富的想象，体会童话世界的奇妙。

3. 引发学生在读中思考，加深学生对安徒生童话的体会与感悟。

阅读随笔

实施阶段：第一阶段（读前导读）

模块一：回忆阅读体验

活动资源

实践平台

1. 看图说故事，说一说这些插图来自哪些故事？

2. 学生交流最喜欢的安徒生童话，并说一说喜欢的原因。

教师分享

无论是小朋友，还是大朋友，只要读过安徒生童话，都会被这些童话故事深深吸引。

安徒生是丹麦作家。他的童话被译为150多种语言，并陆续在全球出版、发行，总册数已经不可计数了。以他名字命名的“国际安徒生奖”被称为“儿童文学的诺贝尔奖”，以奖励世界范围内优秀的儿童图书作家和插图画家。就是这样一位童话大师，他的作品流传了上百年，堪称经典，值得我们仔细阅读，慢慢品读。

模块二：选好翻译版本

实践平台

学生相互翻阅不同版本的安徒生童话，并交流自己的发现。

教师分享

像安徒生童话这类外国文学作品，选对权威译本是非常重要的。安徒生童话的中文版本有很多，其中，叶君健翻译的版本是被丹麦专家推崇的。

叶君健是中国第一位从丹麦文翻译并系统全面地介绍安徒生童话的著名翻译家。他也因此被丹麦女王授予“丹麦国旗勋章”，并成为全世界唯一一位因翻译安徒生童话而获此殊荣的翻译大家。因此，建议同学们选择叶君健翻译的安徒生童话来阅读。

阅读随笔

模块三：描绘奇妙世界

活动资源

《海的女儿》（节选）

在海的远处，水是那么蓝，像最美丽的矢车菊花瓣，同时又是那么清，像最明亮的玻璃。然而它很深很深，深得任何铁锚都达不到底。要想从海底一直达到水面，必须有许多许多教堂尖塔一个接着一个地连起来才成。海底的人就住在这下面。

不过人们千万不要以为那儿只是一片铺满了白砂的海底。不是的，那儿生长着最奇异的树木和植物。它们的枝干和叶子是那么柔软，只要水轻微地流动一下，它们就摇动起来，好像是活着的东西。所有的大小鱼儿在这些枝子中间游来游去，像是天空中的飞鸟。海里最深的地方是海王宫殿所在的处所。它的墙是用珊瑚砌成的，它那些尖顶的高窗子是用最亮的琥珀做成的，屋顶上却铺着黑色的蚌壳，它们随着水的流动可以自动地开合。这是怪好看的，因为每一颗蚌壳里面含有亮晶晶的珍珠。随便哪一颗珍珠都可以成为王后帽子上最主要的装饰品。

实践平台

阅读叶君健翻译版本的《海的女儿》节选，并配一幅插图。

1. 共读故事，为故事配插图。

（1）小试牛刀，作品不尽如人意：

（2）出谋划策，合力帮助伙伴。

再次阅读《海的女儿》节选，交流怎样才能将这幅插图画好，一起出出主意：

（3）大显身手，修改插图作品。

继续阅读《海的女儿》节选，修改自己的作品。部分学生修改前、后的插图对比如下：

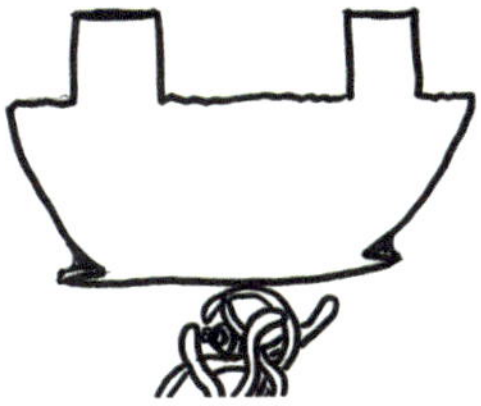

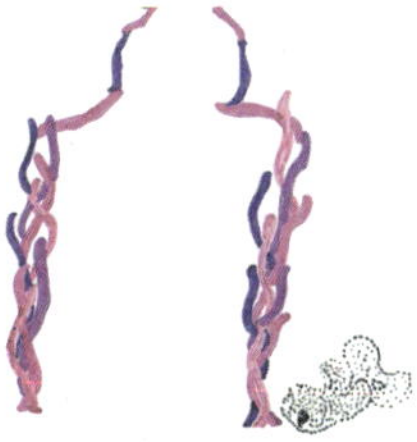

阅读随笔

教师分享

在读故事配插图时，如果没有了绘画思路，或者对作品不满意，一定要再来读一读故事。在反复阅读中，关注那些自己感兴趣的情节中表示修饰性的、表示动作等方面的词语，并在此基础上发挥想象，这有助于我们不断完善插图作品，同时对故事内容也会有进一步的理解与感受。对于不擅长绘画的同学，可以在图画中用文字做简单说明，或者把自己阅读童话时浮现在脑海中的画面讲述给别人听。

只有插上想象的翅膀，细细品读安徒生童话，才能读懂那个由童话大师用语言文字描绘出的梦幻的、奇妙的童话王国！

活动资源

《丑小鸭》（节选）

不过最后从蛋壳里爬出的那只小鸭太丑了，到处挨打，被排挤，被讥笑，不仅在鸭群中是这样，连在鸡群中也这样。

……

于是他飞过篱笆逃走了。灌木林里的小鸟一见到他，就惊慌地向空中飞去。“这是因为我太丑了！”小鸭想。于是他闭起眼睛，继续往前跑。他一口气跑到一块住着野鸭的沼泽地里。他在这儿躺了一整夜，因为他太累了，太丧气了。

《卖火柴的小女孩》（节选）

她的一双小手几乎冻僵了。唉！哪怕一根小火柴对她也是有好处的。只要她敢抽出一根来，在墙上擦着了，就可以暖手！最后她抽出一根来了。哧！它燃起来了，冒出火光来了……她坐在那儿，手中只有烧过了的火柴。

她又擦了一根。它燃起来了，发出光来了……这时火柴就熄灭了，她面前只有一堵又厚又湿又冷的墙。

《坚定的锡兵》（节选）

当黑夜到来的时候，其余的锡兵都走进匣子里去了，家里的人也都上床去睡了。玩偶们这时就活动起来……

第二天早晨，小孩们都起床了。他们把锡兵移到窗台上去。不知是那妖精在搞鬼呢，还是一阵阴风在作怪，窗子忽然开了。锡兵从三楼倒栽葱地跌到地上来。这一跤真是可怕到万分！他的腿直立竖起来，他倒立在他的钢盔中。他的刺刀插在街上的铺石缝里。

《拇指姑娘》（节选）

拇指姑娘的摇篮是一个光得发亮的漂亮胡桃壳，她的垫子是蓝色紫罗兰的花瓣，她的被子是玫瑰的花瓣。这就是她晚上睡觉的地方。但是白天她在桌子上玩耍——在这桌子上，那个女人放了一个盘子，上面又放了一圈花儿，花的枝干浸在水里……她还能唱歌，而且唱得那么温柔和甜蜜，从前没有任何人听到过。

实践平台

1. 自主阅读安徒生的童话故事，为喜欢的故事配插图。

2. 展示作品，说一说自己的创作依据。部分作品展示：

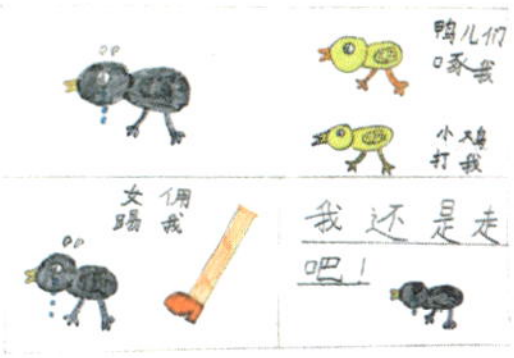

阅读随笔

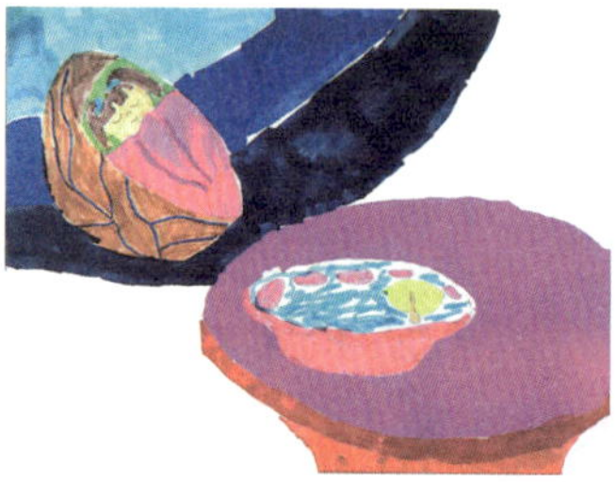

教师分享

当畅游在这个充满想象的童话世界中，我们会对小人鱼生活的海底世界充满了好奇，为卖火柴的小女孩的悲惨经历而伤心，为历经磨难的丑小鸭最终变成了白天鹅而高兴，对国王和大臣的想法感到可笑……但是，在阅读时，是否思考过这些问题：小人鱼的付出值得吗？《丑小鸭》这个故事让我们明白了什么？大家都没有看见神奇的布料，为什么只有小孩子说出了事实？是什么让历经波折的拇指姑娘最终获得了幸福……期待走进安徒生童话，交流探讨阅读时的思考与疑惑。

实施阶段：第二阶段（读中推进）

模块一：问题探讨，加深对内容的理解

实践平台

1. 小组交流阅读安徒生童话时的思考或疑惑。部分问题举例：

（1）《拇指姑娘》——鼹鼠不但富有还很有学问，可是拇指姑娘为什么不愿意嫁给他？

（2）《老头子做事总不会错》——面对老头子将一头牛换成一袋子烂苹果的做法，老太婆为什么不会责怪他，反而奖励他一个吻呢？

（3）《卖火柴的小女孩》——为什么卖火柴的小女孩点燃火柴后会看到那些景象？

（4）《打火匣》——为什么狗的眼睛会那么大？

（5）《笨汉汉斯》——汉斯的做法这么荒谬，可是公主为什么会觉得好，并且嫁给了他？

2. 再读相应的童话故事，与伙伴探讨阅读时思考的问题。

3. 对于答案有争议或者小组成员认为有价值的问题可以与全班同学探讨。部分问题举例：

（1）《野天鹅》——艾丽莎为了哥哥们常年不说话，她痛苦吗？

（2）《海的女儿》——小人鱼会对她所做的一切后悔吗？

（3）《她是一个废物》——为什么安徒生要用这种看似侮辱人的语言做题目？

（4）《丑小鸭》——丑小鸭为什么会变成白天鹅？

（5）为什么安徒的生童话中许多故事的结局都是比较悲惨？

阅读随笔

活动资源

1. 很多人都说《丑小鸭》这个故事是童话大师安徒生生活经历的写照。安徒生出生在一个鞋匠家庭，11 岁时父亲去世，靠母亲为富人洗衣度日。他的母亲要长时间在冰凉的水中干活，手脚冻得又红又肿，只得以酒提神抗寒，因而安徒生备受歧视。人们常常指着他的背影说："那是一个下等人的儿子，你看他的妈妈，穷得连饭都没的吃，还要喝酒，真不要脸。"后来，由于安徒生声音好，被丹麦皇家剧院雇用，但不久嗓子却坏了。所写的剧本，也经常受到不公正的批评。但是安徒生为了实现自己的梦想，在重重困难下不断努力，最终成了享誉世界的童话大师。

2. 安徒生童话创作的三个时期。

第一个时期的作品充满了美丽的想象，故事内容生动有趣，富有吸引力。例如，《打火匣》《豌豆上的公主》《拇指姑娘》《皇帝的新装》。

在第二个时期中，安徒生经历的生活更多了。进入中年以后，他对人生的体会也更深了。看到老百姓生活急剧贫困化，他的作品中引进了严酷的现实生活。例如，《卖火柴的小女孩》《母亲的故事》。

在第三个时期中，安徒生对现实生活的认识更为深刻了。他抗议社会的不平等，十分同情历经苦难的底层人民。因此，他创作了《柳树下的梦》《她是一个废物》《单身汉的睡帽》《小鬼和小商人》等多篇童话。

教师分享

在阅读安徒生童话时，我们可以将对故事内容的不解、人物心理的好奇等内容记录下来，作为阅读时的思考。但这只是阅读过程的一部分。只有解除了阅读时心中的疑惑，才算读懂了这本书。

在探讨问题时，我们需要多次阅读相应的故事，甚至将几个故事比对起来看，从而发现并感受安徒生童话中丰富的想象力，对美好的向往、对虚伪的厌恶等情感，逐渐加深对故事内容的理解。但是对于一些仅靠故事内容无法解答的问题，可以尝试结合作家的生活经历与创作背景来解答。这会使我们有更深层次的理解。

模块二：话题交流，感受安徒生童话的价值

实践平台

1. 你最喜欢（同情、厌恶、欣赏……）安徒生童话中的哪个人物？

2. 读了这么多安徒生童话，你想如何评价他的童话？

3. 完成阅读推荐卡：请你向家人或伙伴推荐安徒生童话。可以推荐整本故事集，也可以将自己认为最值得阅读的单篇故事推荐给大家。

教师分享

安徒生童话总能触碰到我们心中最柔软的地方，让我们产生情感的共鸣。在回忆童话中人物的故事、品质的过程中，我们再一次从感人的诗境和意境中发现真理，发现人类灵魂中的真、善、美，让感情得到净化与升华，这才是安徒生童话的价值。

静心省思

阅读安徒生童话是统编版语文三年级上册教材“快乐读书吧”提出的阅读任务。在这一栏目之前，学生已经完成了这册教材以“童话故事”为主题的第三单元的学习。在这个单元中，学生学习了边读边展开想象，把自己融入故事中，去阅读童话的方法，并感受到了童话具有想象丰富的特点。怎样才能引导学生更好地展开想象呢？对于刚刚升入三年级的孩子来说，仍然以形象思维为主，容易对具体、直观的事物感兴趣。因此在教学中，教师尝试借助“为童话故事配插图”的学习任务驱动，激发学生阅读童话的兴趣，使学生在阅读时充分发挥想象。而学生为了完成配图任务也从被动的“老师让我读”转变为主动的“我自

阅读随笔

己想读”。学生通过“读了这一部分想画什么？为什么这样画？还可以怎样画”等问题的回答，完成了“阅读—想象—表达（用语言或图画）”的思维转化过程。在这个过程中，学生的想象更加丰富了。他们的想象不仅有画面，还有声音、有情感。也许有的内容是自己画不出来的，但学生可以用文字或语言进行补充说明。学生们透过一幅幅插图作品向大家展现出自己丰富的想象、内在的情感，徜徉在这奇妙的童话王国里。

安徒生童话的魅力不仅如此。著名作家郑振铎曾经说过：“安徒生是世界上最伟大的童话作家。他的伟大就在于以他的童心与诗才开辟一个童话的天地，给文学一个新的式样与新的珠宝。”因此在课堂上，教师向学生推荐了权威译本——由著名翻译家叶君健翻译的安徒生童话。也许这与学生从小听的安徒生故事的版本很不一样，但对于像安徒生童话这类外国经典作品，好的翻译版本也决定了读者的阅读品质。我们要引领学生尽可能地感受原汁原味的童话，感受这部经典作品语言的魅力。

拓展阅读

《格林童话》

（二）寓言——小故事　大道理

推荐版本

	主编：刘敬余
	出版社：北京教育出版社
	出版时间：2018 年 7 月

内容梗概

寓言是一种古老的文学形态，通常采用一种比喻性的故事来说明一些意味深长的生活道理。它们虽篇幅短小，但形象鲜明，在浅显简单的故事中阐述某种道理，给人以启示，同时凭借着丰富的艺术形象和深刻的思想内涵给读者带来独特的审美享受。中国古代寓言故事不仅具有文学价值，而且具有丰厚的思想内容。

本书精选了八十二篇寓言故事，分为为学篇、为人篇、处事篇和处世篇四个章节，提炼中华传统文化的核心重点，通过故事来寄托道理，带领孩子学习绚烂多姿的中华传统文化故事。

推荐理由

统编版教材三年级下册安排了“寓言是生活的一面镜子”单元，并以“读寓言故事，明白其中的道理”作为本单元的训练重点。教材中的“快乐读书吧”栏目也向学生推荐阅读《中国古代寓言故事》。在课内

阅读随笔

阅读寓言的基础上，将学生的阅读视野拓展到课外阅读，形成课内外阅读一体化是十分必要的。

再细细品读《中国古代寓言故事》这本书，此书都是以一个个小故事来揭示深刻的大道理，故事中出现了许多关于中国文化的表达，包含了许多关于中国传统文化的信息。阅读《中国古代寓言故事》，可引导孩子体会中国数千年历史积淀下来的思想精髓；树立正确的人生观、价值观与世界观；于潜移默化中确立为人处世的准则，培养良好的品质；汲取前人留下的经验和智慧，应用于学习和生活中；激发求知欲，开拓眼界，培养远大志向，更好地传承中华文化。

全程指导

执教教师：汤娟娟

教学目标：

1. 激发学生阅读《中国古代寓言故事》的兴趣，点燃阅读期待。
2. 阅读经典寓言故事，感受阅读寓言故事的乐趣，领会故事蕴含的道理。
3. 引发学生思考，尝试把道理迁移运用到实际生活中。

实施阶段：第一阶段（读前导读）

模块一：激发阅读兴趣

活动资源

阅读随笔

实践平台

1. 看图猜故事，说一说这些插图来自哪些寓言故事。

2. 学生交流最感兴趣的寓言故事，并说一说原因。

教师分享

中国古代寓言凝结着中华民族的智慧，源远流长，博大精深，它们大多来自历史传说和民间故事，读起来轻松有趣。翻开《中国古代寓言故事》我们会读到许多既可笑又发人深省的故事，静心思考，我们会懂得前人做学问的态度；为人处世的方法，得到人生的警示和真谛。

模块二：阅读经典，发现小故事大道理

活动资源

《五十步笑百步》《屠龙之技》《古琴价高》《与狐谋皮》

【阅读资料一】

梁惠王，魏氏，魏国主君，又称魏惠王，在其即位时已是魏国鼎盛时期。他一心想成为贤君。在治理国家方面，他修建水坝，帮助百姓躲避自然灾害等，施小惠于国内人民。但是，梁惠王为了扩大魏国疆土，却常年发动战争，并且为了壮大军事实力而欺压百姓。百姓叫苦连天，死伤无数。在战争中，魏国东败于齐国，南败于楚国，西赠秦国七百余里的国土，开始走向衰落。

【阅读资料二】

春秋战国时期，两国交战也要讲究礼仪。其中，有这样一条：如果敌方战败，撤退时，只要超过五十步，就不能继续追击，而且如果敌军战车损坏或人员受伤，基于礼节，不仅不能赶尽杀绝，还要进行帮助。

实践平台

1. 共读故事，发现寓言故事中的道理。

（1）读一读故事，说一说道理。

共同阅读寓言故事《五十步笑百步》，说一说从中懂得的道理。

（2）厘清思路，观察图片，找出主人公梁惠王和孟子。

（3）关注对话，提出质疑，阅读中发现语言的玄妙。

发现1：阅读对话，找出梁惠王和孟子的语言，并加以理解。

发现2：阅读对话，找出梁惠王从孟子的语言中懂得的道理。

（4）评价人物，交流中发现故事的寓意。

讨论1：说一说梁惠王和孟子给自己留下的印象。

讨论2：说一说从这个寓言故事中懂得的道理。

2. 畅读寓言，领悟故事中的道理。

（1）自主畅读，说一说领悟的道理。

阅读寓言故事《屠龙之技》《古琴价高》和《与狐谋皮》，选择一篇说一说寓言中的道理。

（2）交流汇报，说一说寓言故事中的道理。

发现1：《屠龙之技》告诉我们学习要从实际出发，讲究实效，如果是不实用的技能，就算再大的本领也没用。

发现2：《古琴价高》告诉我们做人不能只看表面，不看实质，更不能自认为是权威，就想当然地对事情做出评判。

发现 3：《与狐谋皮》告诉我们待人接物时不仅要定好目标，更要选择恰当的方法，否则将办不成事。

3. 观察目录，发现规律，引发期待。

发现 1：学生翻看整本书目录，发现本书共有 82 篇寓言故事，并分为为学篇、为人篇、处事篇和处世篇。找到已阅读的四个故事，发现分别来自这四个篇章。

发现 2：学生通过阅读目录，说一说自己还对哪些寓言故事感兴趣。

阅读随笔

教师分享

1. 孟子是伟大的思想家和教育家，他没有直接回答梁惠王的问题，而是引用作战时后退了五十步的人讥笑后退了百步的人的事例来暗示梁惠王，同时也告诉我们在做事时，要看事情的本质，当发现自己跟别人有同样的缺点错误，只是程度上轻一些，不应该毫无自知之明地去讥笑别人。通过阅读《五十步笑百步》，我们知道了寓言故事虽小，但却蕴含着大道理。

2. 寓言故事内容不同，但道理相似，以古人之事，教导我们学习的态度和做人的道理。在阅读时，要注意观察这些规律，可以把道理相似的寓言故事放在一起阅读，会对积累寓言有帮助。

实施阶段：第二阶段（读中推进）

模块一：再读经典，走近中国古代寓言故事

活动资源

1.《韩非子》是战国末期法家大成者韩非的著作。这部书现存 55 篇，约十余万言，大部分为韩非自己的作品。本书是先秦法家理论的最高峰，为秦统六国提供了理论武器。韩非子的文章说理精密，文锋犀利，

构思精巧，描写大胆，语言幽默，于平实中见奇妙，具有耐人寻味、警策世人的艺术效果。韩非子还善于用大量浅显的寓言故事和丰富的历史知识作为论证资料，说明抽象的道理，形象化地体现了他的法家思想和他对社会人生的深刻认识。

2.《列子》是中国古代思想文化史上著名的典籍，是一部智慧之书，它能开启人们心智，给人以启示，给人以智慧。《列子》是列子、列子弟子以及列子后学著作的汇编。全书由哲理散文、寓言故事、神话故事、历史故事组成。而基本上以寓言形式来表达精微的哲理。共有神话、寓言故事一百零二个。《列子》的每篇文字，不论长短，都自成系统，各有主题，浅显易懂，饶有趣味，只要我们逐篇阅读，细细体会，就能获得教益。

《两小儿辩日》《和氏之璧》《讳疾忌医》

《农夫献曝》《赵襄主学驾车》《齐人偷金》

实践平台

1. 小组交流阅读寓言故事时的思考或疑惑。部分问题举例：

（1）《鲁班刻凤》和《班门弄斧》中的鲁班是同一个人吗?

（2）《鲁国少人才》中的庄子是谁?

（3）《九方皋相马》九方皋连马的颜色都记不住，为何还说他会相马?

（4）《东郭先生和狼》是不是告诉大家不能乐于助人? 不帮助人，就不会遇见“狼”了?

2. 再读相应的寓言故事，与伙伴探讨阅读时思考的问题。

3. 对于答案有争议或者有价值的问题进行全班同学探讨。部分问题举例：

（1）《讳疾忌医》中为什么扁鹊能一眼看出蔡桓公的疾病?

（2）《和氏之璧》中的和氏璧是不是《完璧归赵》中的和氏璧?

（3）寓言故事的作者究竟是谁？是如何流传千年的？

（4）为何寓言故事有的是真实的历史事件，有的又像“童话故事”？

4. 结合资料，激发古代寓言故事的阅读兴趣。

学生根据寓言故事内容，结合《韩非子》和《列子》的相关资料，将寓言故事与典籍进行分类，并结合故事内容说出依据。

教师分享

我们在这学期第二单元学习的寓言故事《守株待兔》就是出自《韩非子》。我国古代还有许多含有寓言故事的典籍，如《庄子》《吕氏春秋》《战国策》《左传》等，希望课后你可以找找感兴趣的寓言故事出自哪本典籍，了解作者以及这本书的创作背景，相信你会有更多的发现。

阅读随笔

模块二：创设情境，发现寓言和生活的联系

活动资源

【情景一】

这学期，小刚参加了学校书法班。一开始，他对书法很有兴趣，试着学习拿笔，再学顿笔、回锋、横、竖等基本笔画。这些看起来简单，可一周学下来，小刚却遇到了困难，一会儿写胖了，一会儿写瘦了。他自暴自弃地向你诉说心中苦闷：“看来我缺少天分，不是合适学习书法呀！”你会怎样回答呢？

【情景二】

有一天，你在菜市场上看见有人贩卖野生虎纹蛙，你上前说道：“虎纹蛙是益虫，国家二级保护动物，你怎么能私自贩卖呢？我要告诉工商管理员！”“我

这就走，我家里还有生病的老母亲要照顾，放过我一次吧！”小贩忙收拾摊位，跑走了。没过几天，你又在菜市场上看见此人在大量贩卖虎纹蛙。此时，你会怎样做呢？说说你的理由。

【情景三】

在运动会的足球比赛前，你们队中的主力前锋因发高烧不能参赛了，而替补队员小王不擅长踢前锋的位置。大家都垂头丧气，不想参加比赛了。“前锋都不在了，我们不如退出比赛吧！”有人小声说道。此时，你作为队长，会有怎样的决定？要如何劝说大家呢？

实践平台

根据情境说说自己会运用哪个寓言故事来警示自己或劝诫他人。

教师分享

寓言具有真实性。寓言故事来自生活，寓言中的道理则是教人为人处世。寓言具有实践性。学生在阅读寓言故事，懂得思考其中道理的同时，也要注重寓言在生活实际中的运用。学生已阅读《中国古代寓言故事》这一整本书，只有读懂、会用，架起语言文字和生活实际之间的桥梁，才能实现学习寓言故事的真谛。

模块三：实践活动，我眼中的中国寓言故事

实践平台

1. 演一演：学生以小组为单位，将自己感兴趣的寓言故事演一演。

2. 写一写：请你制作寓言故事推荐卡，向家人或伙伴推荐阅读中国古代寓言故事。可以推荐整本故事集，也可以将自己认为含有深刻道理的故事推荐给大家，写明推荐理由。

静心省思

寓言是用比喻性的故事来寄托意味深长的道理，给人以启示的文学体裁，带有讽刺或劝诫的性质，使读者从中获得启示。寓言像一座独特的桥梁，通过

它，读者可以从纷繁复杂的五光十色的生活现象中，感悟到生活的内在意义。

统编版教材三年级下册第二单元“寓言是生活的一面镜子”，提出学习要求“读寓言故事，明白其中的道理”，“快乐读书吧”中推荐学生阅读《中国古代寓言故事》。学生对寓言故事已有一定的学习基础。本书的全程指导阅读则是以统编教材中的学习目标为导向，并尝试把这个道理运用到实际生活之中。实现由课内学习迁移到课外阅读，由课外阅读推动课内学习的实践过程。

阅读随笔

拓展阅读

《伊索寓言》

《克雷洛夫寓言》

《拉封丹寓言》

（三）神话——神奇的想象　鲜明的人物

推荐版本

<table>
<tr><td rowspan="3">
</td><td>作者：袁珂</td></tr>
<tr><td>出版社：中国少年儿童出版社</td></tr>
<tr><td>出版时间：2017 年 6 月</td></tr>
</table>

内容梗概

《中国神话故事集》这本书，仿佛能把人们带回那个粗犷、神秘、充满浪漫色彩的中国原始社会劳动时期。

这本书收录了 67 个动人的神话故事，有追溯天地形成的“上古神话”——《开天辟地》，有表现原始人类战争的“氏族神话”——《黄帝擒杀蚩尤》，还有讲述部落联盟首领故事的“部落神话”——《禹赶走水神共工》，一直到表现夏、商、周文化的“分封制度神话”——《周武王伐纣》。

这本书用生动的语言带领小读者跟随中国古代先民一起，张开想象的翅膀，在一个个瑰丽神奇的神话故事中，认识个性鲜明的满天诸神、人类领袖，感受中华先民用独特的方式诠释对自然的探索与抗争，对生活的认知与渴望。

作者简介

袁珂，四川新繁人，国际知名学者、当代中国神话学大师、中国神话学会主席。1950 年，他的第一部神话专著《中国古代神话》出版，这是我国第一部比较系统的汉民族古代神话专著。之后，袁珂先生撰写了多部有关神话的著作，有些著作被翻译成多国语言广为流传，还被日本、美国、新加坡等国选入学校课本。

推荐理由

中国古代神话故事表现出中华先民对自然的征服，对命运的不屈，对邪恶的斗争精神，是对劳动创造的歌颂，是对事物起源的幻想。这些无一不通过瑰丽的想象展现在故事中，印记在一代代中国人的脑海里，需要继续传承下去。

袁珂所著的《中国神话故事集》也是四年级上册语文教材第四单元“快乐读书吧”的推荐内容。神话故事短小精悍，相对独立，充满想象，能够很好地落实单元训练重点，培养学生把握主要内容的能力，感受到神话中神奇的想象和鲜明的人物形象。

全程指导

执教教师：赵君

教学目标：

1. 激发学生阅读《中国神话故事集》的兴趣。
2. 感受神话中神奇的想象和鲜明的人物形象。
3. 初步发现神话故事的特点。

实施阶段：第二阶段（读中推进）

模块一：交流阅读谈发现

活动资源

阅读随笔

实践平台

1. 在第四单元的学习中，同学们读了神话故事，请猜出“活动资源”中的三幅图分别是哪个神话故事。

2. 结合语文书上的神话故事，说一说对中国古代神话的了解。

教师分享

根据学生的发言进行总结，通过阅读语文书上《盘古开天地》《精卫填海》《女娲补天》三篇中国古代神话故事，学生了解到中国古代神话故事中有一位威力无比的天神，具有神奇而强大的能力，为了创造自然，拯救人类牺牲了自己的生命。

实践平台

1. 回忆《中国神话故事集》中令人印象深刻、觉得很“神奇”的故事内容。

2. 练习介绍令人印象深刻的神话故事。介绍时，听众认真倾听，评价介绍者的发言，评价故事介绍的完整性，评价哪些地方听起来让人觉得很“神奇”。

教师分享

根据学生的介绍和评价进行总结、提升：同学们可以按照故事的起因、经过、结果简单讲讲故事的内容，让听众有大致的了解，然后把读起来感觉特别“神奇”的地方给大家做重点介绍。有的同学介绍某位天神具有超乎常人的外貌和能力，有的同学介绍某位天神遇到难以想象的困难，还有的同学介绍神话故事中神奇的场景……

模块二：再读又有新发现

活动资源

教学第四单元四篇神话时，设计阅读记录表格，前期填写好相关内容，留下空白处作为课外阅读记录。

神话阅读记录单（举例）

神话名称	神的名字	什么困难	怎样克服	什么困难	怎样克服	……	……	我的感受
盘古开天辟地	盘古	混沌一片	抡起斧子劈开	怕天地合体	顶天立地	累倒	身体化成万物	神奇、牺牲自己
女娲补天	女娲	天上一个大窟窿，到处是洪水、烈火	找雨神灭火；造船救人	找五彩石，全是碎块	忙了几天几夜	冶炼五彩石时间很长	把天补上	勇敢、不怕困难，牺牲自己

实践平台

1. 结合同学的介绍，选择感兴趣的故事开始阅读《中国神话故事集》，并填写阅读记录单，用括号在书上标画出写得很神奇的内容。

2. 结合书上的标画和阅读记录单，交流神话故事。

3. 仔细观察阅读记录单，横向、纵向进行比较，发现中国神话故事有哪些特点。

阅读随笔

教师分享

根据学生交流介绍标画的句子，引导学生一起阅读，一起想象故事描述的神奇景象，感受想象的奇妙。

读了这么多神话故事，同学们通过观察阅读记录单，发现这些故事虽然内容各不相同，但是都隐藏着神话故事叙事的规律。比如，每个故事围绕一位天神或英雄来写，这些主人公往往具有勇敢、聪慧、敢于牺牲的精神。他们遇到困难会动用神力克服困难，遇到困难、克服困难的“回合”往往出现两三次……这些都是我们在读了大量神话故事后，自己发现的神话奥秘。

活动资源

1.《中国神话故事集》目录

2. 相关的文学作品

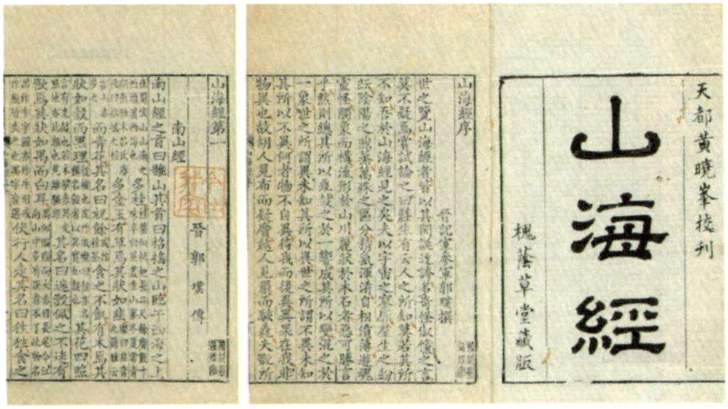

3. 相关的名胜、建筑、包装

实践平台

1. 翻阅《中国神话故事集》的目录，按顺序浏览神话故事的题目，交流新的发现。

2. 交流文学作品、著名建筑物、风景区，以及生活中涉及的神话因素，结合“活动资料”的图片，发现神话流传至今，影响广泛。

教师分享

同学们从目录中会发现，一些故事的题目中隐藏着成语，像“开天辟地、精卫填海、夸父追日、愚公移山”这些成语一直沿用至今。神话故事是中华先民探索自然、探索生活的一种方法。故事的内容是超现实的，但神话中丰富的想象，对勇敢、奉献精神的赞美却影响着一代又一代中国人。从古典小说、诗歌，到著名的风景区，还有新建的高楼大厦，都能够看到神话对中华民族的深远影响。期待同学们去阅读、讲述更多的神话故事，感受绮丽想象，传承民族精神。

模块三：神话故事读开去

活动资源

《山海经》《中国神话故事集》

实践平台

1. 继续阅读《中国神话故事集》。推荐阅读《山

阅读随笔

海经》。

2. 小组合作挑战“二选一”：

（1）每人画一位神话故事中的天神或英雄，看看你有什么发现？

（2）合作排演一个神话故事剧。

静心省思

学生对神话故事特别感兴趣，在学前就已经听爸爸妈妈讲过一些家喻户晓的神话。语文课上，学生又学习了“神话”单元，读了三篇中国神话，一篇希腊神话，感受到神话中丰富的想象和鲜明的人物。在这个单元的学习中，学生也掌握了通过抓住起因、经过、结果整体感知故事内容的方法。但是，仅仅细读几篇神话故事是远远不够的，所以教材“快乐读书吧”中推荐了袁珂先生所著的《中国神话故事集》一书。学生利用课余时间从这本书中阅读了更多的神话故事，有了一定数量的积累。因此，在整本书阅读指导过程中，力求体现从量的积累到质的飞跃，即初步触摸到中国神话的特点，对神话有更深的认识，感叹中国先民的创造精神。

初步触摸中国神话的特点，是本次阅读推进课的教学难点。对于神话特点的认识，教师鼓励学生在多篇神话的梳理、对比中自主发现。“神话阅读记录单”便是有效的学习资源。学生从课上学习课文《盘古开天地》开始，记录下课内外读到的每篇神话中的人物、遇到的困难、解决困难的方法，以及感受。在纵横比较中，学生很快发现神话的内容各不相同，人物各不相同，但是人物形象都是那样鲜明，寄托了先民对勇敢、无私精神的崇拜；学生还会发现神话创作上反复叙事的手法，神或英雄们往往会经历两三个回合的抗争。

学生的发现到这里并没有结束，而是继续深入。《中国神话故事集》的目录本身也是重要的学习资源。袁珂先生对中国古代神话有系统而深入的研究，将一个个神话放在了一个“时间轴”上。学生在观察目录时，会发现神话的主人公从神过渡到人；从人与自然的抗争过渡到人与人的对抗；学生还发现不少神话故事的名字已经演变成成语，一直沿用至今。不仅如此，反观中国历史长河，反观我们的生活，在文学创作、名胜古迹，甚至月饼盒上，皆能看到神话的影子。虽然是上古神话，但它的故事，它的神奇，它的民族精神穿越千年，从未走远。

本次阅读指导，有效地达成了课内外阅读一体化的教学效果。学生在自主阅读、发现的过程中，对神话的认识逐步深入，不仅对故事本身感兴趣，更激发了对神话究本溯源的愿望。

拓展阅读

《山海经》

《希腊神话与英雄传说》

阅读随笔

（四）民间故事——百姓智慧的结晶　口耳相传的经典

推荐版本

<table>
<tr><td rowspan="3">
</td><td>主编：立人</td></tr>
<tr><td>出版社：天地出版社</td></tr>
<tr><td>出版时间：2017 年 7 月</td></tr>
</table>

内容梗概

民间故事是从远古时代起就在人们口耳相传的过程中，产生并流传的一种以奇异的内容、生动的语言、丰富的想象讲述人与人、人与动物或人与自然之间的种种关系的叙事体故事。民间故事题材广泛，内容夸张离奇，叙述生动有趣。故事大多从生活本身出发，但又并不局限于真实生活，因而常常是高于生活的。多由劳动人民创造，所以又被誉为“老百姓的智慧结晶”。

《中国民间故事》收录了不同时代、不同地域和不同民族的经典民间故事共计五十六篇，涵盖了幻想故事、动物故事、生活故事和民间笑话。每篇故事前都安排了导读，有助于阅读者整体感知，明确阅读目的；故事中有针对表达手法、语言运用、人物形象及思想内涵等不同方面的旁批，有助于阅读者边读边思考，扫清阅读障碍；故事后，有对故事中心主旨的赏析、思考，以及延伸到实践生活中的拓展与评价。

推荐理由

首先，民间故事包含了丰富的历史知识、深厚的民族情感，作为中华文化不可或缺的一部分，它有着永恒的艺术魅力。其奇异丰富的内容、生动风趣的语言，是寓教于乐的有效载体。

其次，《中国民间故事》在数千年口耳相传的过程中涵养铸就了民族性格。

故事有的展示了中华民族为人处世的精神气度，有的体现了中华民族崇尚自然的思想观念，有的体现了对美好生活的憧憬与向往，还有的蕴含了百折不挠的民族特征。阅读它，既可以让孩子了解和领略祖国不同时代、不同地域和不同民族的历史文化风貌，更有助于让他们在阅读中受到情感熏陶，拓宽文化视野，传承民族文化。

统编版五年级上册教材中，就编排了民间故事单元。单元以“了解课文内容，创造性地复述故事”作为单元训练重点。单元内收录了两篇中国民间故事。同时，还在“快乐读书吧”栏目中向学生推荐《中国民间故事》一书进行阅读。

全程指导

执教教师：刘乐

教学目标：

1. 激发学生阅读《中国民间故事》的兴趣，唤起阅读期待。

2. 在创造性复述故事的过程中，进一步了解民间故事的特点。

实施阶段：第二阶段（读中推进）

模块一：回忆故事，重温民间故事的魅力

活动资源

视频《中华美德故事——苏武牧羊》（视频来源：腾讯视频）

阅读随笔

牧羊人
庄稼人
太阳的家
孝顺、勇敢

实践平台

1. 根据线索（连环画、视频、邮票、文字）回忆，它们分别是书中的哪个故事？

2. 从《中国民间故事》中选择一个故事，通过对人物、情节等简单的描述，与大家一起回忆故事。

3. 说一说自己最喜欢的故事，并简单说出喜欢的理由。

教师分享

民间故事是千百年来口耳相传的民间智慧结晶。有些故事中的人物颇负盛名，无人不知；有些故事的情节让人念念不忘。许多民间故事不仅被编写成书，被拍摄成动画片或电影，还成为明信片、邮票等文化产品的创意元素，深受各年龄层读者的喜爱。

模块二：练习复述，明确民间故事的创造“点”

活动资源

《徐文长买桃》

实践平台

1. 复述《徐文长买桃》这个故事。

2. 思考在《徐文长买桃》这个故事中，哪些地方可以在讲述的过程中讲得更具体，更生动？在故事中找一找、画一画。

创编点列举：

（1）徐文长每次对其他顾客说话时，心里在想些什么？会做什么动作？脸上会有什么表情？说话时的语气是怎样的？

（2）故事中只写了徐文长对顾客说的话，却没有顾客的话。他们之间会说些什么呢？

（3）如果以徐文长的口吻把这个买桃惩治奸商的故事讲一讲，会带给人怎样的感觉呢？

阅读随笔

教师分享

教师带领学生一起，对找到的、认可的创编“点”进行梳理。使学生了解到，创造性复述民间故事，是在理解和尊重故事内容及中心思想的前提下，插上想象的翅膀，用自己生动的语言和适合的肢体动作，把读到的内容用自己的话讲出来。主要可以从三个角度对故事进行创编：

角度1：在细节之处创编。想象故事中人物的心理、动作、表情、神态等，以丰富人物形象。

角度2：在情节简单留白处创编。故事发展到某个情节时，想象后面会发生什么？或是为故事增加合理的情节。

角度3：在人称角色转换上创编。转换故事的叙述人称，或是把自己想象成故事中的某个角色。

创造性复述民间故事时，始终要做到合情合理。

模块三：巩固复述，进行民间故事的微创造

活动资源

《甲金祝寿》《狼外婆》《长发妹》

实践平台

1. 从故事袋中选择一个自己喜欢的故事，试着创造性地复述故事。

2. 听别人复述故事时，思考他在哪里进行了创编？这种创编是不是合理？哪些创意值得自己学习和借鉴？

教师分享

对学生的复述进行点评和再引导。使学生在语言实践活动中，运用创造性复述的方法进行故事复述，并通过交流、汇报、评价等，进一步学习如何把故事复述得更好，从而提升想象力、表达力与创造力。

点评角度 1：为故事增加合理的情节——《甲金祝寿》中，甲金还会献给县官怎样的祝贺词？

点评角度 2：在细节之处创造——《狼外婆》中，狼外婆、三个孙女每一次对话时的表情、想法。

点评角度 3：转换人称——《长发妹》中，以长发妹的口吻复述故事。

模块四：音频录制，寻找身边的“故事大王”

实践平台

1. 音频录制：学生选择《中国民间故事》中自己感兴趣的故事，进行创造性复述，并录制成音频，在班中播放。

2. 班内评选：请学生在收听故事音频后，评选出班内的“故事大王”，邀请“故事大王”现场讲故事。

教师分享

在《中国民间故事》这本书里，还有不少引人入胜的故事，无不令人津津乐道。阅读这些故事，可以让我们看到历史长河中，不同地域、不同民族人民的生活。更可以让我们从中领悟许多为人处世的道理。希望同学利用课余时间，继续走进这本书，也可以读读其他版本的民间故事集，还可以找来外国的民间故事比较着读一读。相信你会有更多的发现与收获。

静心省思

中华民族是一个有着五十六个民族的大家庭，历史悠久、文化多样。古往今来，中华大地独特的文化历史、民风民俗，是中国民间故事诞生的摇篮。与其他类型的故事相比，民间故事的独特之处在于它是在口耳相传的过程中流传至今的。千百年来，人们用讲述、用聆听，传递着蕴藏在一个个民间故事中的智慧与哲理。因此，复述是阅读、积累、学习民间故事的一种重要方式。另外，民间故事距今久远，加之故事本身富于想象。所以在复述民间故事的过程中适时适度进行想象再造，即创造性地复述，不仅能让读者还原和经历故事的创作过程，还能借此进一步领略民间故事的智趣，潜移默化地汲取传统文化精髓，传承中华文化经典。

民间故事对于学生来说不陌生，他们牙牙学语、蹒跚学步时，音频、视频或是父母的讲述，是他们对于民间故事最初的“阅读”体验。随着年龄的增长，孩子们读过的民间故事也越来越多，可以说民间故事为他们打开了一扇了解各时代、各地区和各民族历史、文化、生活的窗。在语文课上，他们也接触了不少民间故事。比如，统编教材三年级下册中收录的《枣核儿》《漏》，五年级上册的《猎人海力布》《牛郎织女》。学生在阅读的过程中不仅了解民间故事的特点，并学习复述（三年级下）以及创造性复述（五年级上）故事。如果说，听故事、读故事是积累，那么复述故事就是转化，需要学生在大量积累的基础之上，借助想象与再创造，使阅读体验在“质”上实现飞跃。但这“量变”到“质变”的过程，即从读故事到创造性复述故事，是学生学习的难点。因此，本次阅读推进课上，教师着力引导学生发现

阅读随笔

创造性复述故事的角度和策略，以《中国民间故事》为抓手，尝试对自己感兴趣的故事进行创造性复述。在这个过程中，学生不仅能够不断触摸民间故事的特点，还能发展想象力和创造力，使阅读思维得以发展。

拓展阅读

《非洲民间故事》
《列那狐的故事》
《一千零一夜》

（五）探险小说——惊心动魄的旅程

一

推荐版本

	作者：丹尼尔·笛福
	出版社：译林出版社
	出版时间：2018 年 6 月

内容梗概

《鲁滨孙漂流记》是英国作家丹尼尔·笛福的一部长篇小说。该书首次出版于 1719 年 4 月 25 日。

该书主要讲述了主人公鲁滨孙·克鲁索出生于一个中产阶级家庭，一生志在遨游四海。一次在去非洲航海的途中遇到风暴，只身漂流到一个无人的荒岛上，开始了一段与世隔绝的生活。他凭着强韧的意志与不懈的努力，在荒岛上顽强地生存下来，经过 27 年得以返回故乡。

这部小说是笛福受当时一个真实故事的启发而创作的。1704 年 9 月，一名叫亚历山大·塞尔柯克的苏格兰水手与船长发生争吵，被船长遗弃在大西洋中，在荒岛上生活 4 年 4 个月之后，为伍兹·罗杰斯船长所救。笛福便以塞尔柯克的传奇故事为蓝本，把自己多年来的海上经历和体验倾注在人物身上，并充分运用自己丰富的想象力进行文学加工，使“鲁滨孙”不

阅读随笔

仅成为当时中小资产阶级心目中的英雄人物，而且成为西方文学中第一个理想化的新兴资产者。该小说发表多年后，被译成多种文字流传于世界各地，并被多次改编为电影和电视剧。

作者简介

丹尼尔·笛福，英国作家。英国启蒙时期现实主义丰富小说的奠基人，被誉为欧洲的“小说之父”“英国小说之父”和“英国报纸之父”等。

笛福游历广泛，早年经营内衣、烟酒、羊毛织品、制砖业，曾到各国大陆经商。丰富的人生经历使得笛福对他所描写的人物理解较深，他善于写个人在不利的环境中克服困难。他的主人公有聪明才智，充满活力，不信天命，相信“常识”。情节、结构不落斧凿痕迹。他尤其擅长描写环境，细节逼真，虚构的情景写得使人如身临其境。《鲁滨孙漂流记》就是笛福的代表作。

推荐理由

统编版教材六年级下册第二单元“跟随外国文学名著的脚步，去发现更广阔的世界”中，首篇课文就是《鲁滨孙漂流记》这本书的梗概与节选。在这个单元的“快乐读书吧”中，再一次推荐阅读这部作品。在课堂教学中，学生可以根据教材中的故事梗概了解这部小说的概貌，也可以结合小说的精彩节选初步领略这部作品的魅力。课内外阅读一体化，课内的阅读燃起了学生阅读整部作品的热情，课外阅读延续了这份热情。在阅读这部作品中，阅读者会被主人公鲁滨孙积极乐观，充满斗志、自我奋斗的精神打动。一次次深入阅读，读者又会不断思考，小说表面上讲述的是一个奇迹般的历险故事。但是，故事背后却隐含着人类面临的共同问题，也隐藏着人们普遍渴望和梦想的东西，如向往自由、英雄梦想、敢于行动、自立于世、勇于担当等等。小说内容里自始至终充盈着一种勇敢无畏、机警果断、自立自救、坚忍不拔的冒险精神和顽强意志。这种精神和意志，对任何一个民族和国家来说都是不可缺失的。最重要的是，当意外的事情来临时，应该学会接受和面对，应该像鲁滨孙那样，用一颗积极乐观的心，去看待世界，对世界和明天抱有美丽的渴望、期待与信念。

全程指导

执教教师：黄赞

教学目标：

1. 了解鲁滨孙在荒岛战胜困难、谋求生存的非凡经历，体会鲁滨孙战胜困难顽强生存的积极生活态度。

2. 初步感受鲁滨孙追求自由生活、渴望冒险的理想主义与浪漫主义情怀。

实施阶段：第二阶段（读中推进）

模块一：如果是我怎么办

活动资源

阅读随笔

实践平台

1. 回顾《鲁滨孙漂流记》内容梗概，出示《荒野求生》图片。
2. 根据生活常识和《鲁滨孙漂流记》，制订“荒岛求生指南”。
3. 结合《鲁滨孙漂流记》的内容，交流“荒岛求生指南”。

教师分享

在现实生活中，学生缺乏直面困境的机会，缺乏对如何战胜困难的思考。求生指南的制订，试图唤醒学生面临某一困境时的强大内心需求，在潜意识里告诉自己是有能力解决这些问题的，再通过后面的阅读印证自己的观点，从中获得启示。从而感受到积极乐观的心态、坚忍不拔的意志对于战胜困难的重要性。

模块二：鲁滨孙是怎么办的

活动资源

【节选一】

祸与害	福与利
我流落荒岛，摆脱困境已属无望。	唯我独生，船上同伴皆葬身海底。
唯我独存，孤苦伶仃，困苦万状。	在全体船员中，我独免一死。上帝既然以其神力救我一命，也必然会救我脱离目前的困境。
我与世隔绝，仿佛是一个隐士，一个流放者。	小岛虽荒凉，但我尚有粮食，不至饿死。
我没有衣服穿。	我地处热带，即使有衣服也穿不住。
我无法抵御人类或野兽的袭击。	在我所流落的孤岛上，没有我在非洲看到的那些猛兽。假如我在非洲沿岸覆舟，那又会怎样呢?
我没有人可以交谈，也没有人能解救我。	但上帝神奇地把船送到海岸附近，使我可以从船上取下许多有用的东西，让我终身受用不尽。

总而言之，从上述情况看，我目前的悲惨处境在世界上是绝无仅有的。但是，即使在这样的处境中，也祸福相济，有令人值得庆幸之处。我希望世上的人都能从我不幸的遭遇中取得经验和教训。那就是，在万般不幸之中，可以把祸福利害一一加以比较，找出可以聊以自慰的事情。

现在，我对自己的处境稍感宽慰，就不再对着海面望眼欲穿，希求有什么船只经过了。我说，我已把这些事丢在一边，开始筹划度日之计，并尽可能地改善自己的生活。

阅读随笔

【节选二】

七月三日　病完全好了，但身体过了好几个星期才完全复原。在体力恢复过程中，我时时想到《圣经》上的这句话："我就必拯救你。"但我深深感到，获救是绝不可能的，所以我不敢对此存有任何奢望。正当我为这种念头而感到灰心失望时，忽然醒悟到：我一心只想上帝把我从目前的困境中拯救出来，却没有想到自己已经获得了拯救。于是，我扪心自问：我不是从疾病中被拯救出来了吗？难道这不是一个奇迹？我不是也从最不幸、最可怕的境地中被拯救出来了吗？可自己有没有想到这一层呢？自己又有没有尽了本分，做该做的事情呢？"上帝拯救了我，我却没有颂赞上帝。"这就是说，我没有把这一切看作上帝对我的拯救，因而也没有感恩，我怎能期望更大的拯救呢？想到这些，我心里大受感动，立即跪下来大声感谢上帝，感谢他使我病好复原。

我当前的境况是：虽然生活依然很艰苦，但精神却轻松多了。由于读《圣经》和祈祷，思想变得高尚了，内心也有了更多的安慰，这种宽慰的心情我以前从未有过。同时，健康和体力也已恢复，我重又振作精神，安排工作，并恢复正常的生活。

【节选三】

与当初上岛时相比，我已大大改善了自己的生活状况。我不仅生活舒适，而且心情也安逸。每当我坐下来吃饭，总会有一种感激之情，惊异上帝万能，竟然能在旷野为我摆设筵席。我已学会多看看自己生活中的光明面，少看看生活中的黑暗面；多想想自己所得到的享受，少想想所缺乏的东西。这种态度使我内心感到的由衷安慰，实难言表。在这儿，我写下这些话，就是希望那些不知满足的人能有所觉醒：他们之所以不能舒舒服服地享受上帝的恩赐，正是因为他们老是在企望和贪求他们还没有得到的东西。我感到，我们老是感到缺少什么东西而不满足，是因为我们对已经得到的东西缺少感激之情。

实践平台

1. 结合《鲁滨孙漂流记》的内容，从中印证答案。

2. 共同阅读【节选一】【节选二】【节选三】，关注鲁滨孙精神层面的强大。

教师分享

《鲁滨孙漂流记》之所以成为经典名著，与作者传达出的强韧的意志与不懈的努力密不可分。学生借助原著中的文本信息，不仅印证了自己求生指南的观点，同时感受到了鲁滨孙面对困境时展现出的精神品质，加深了对人物形象的理解。在此过程中，学生可能更多地关注人物的物质强大，如水、食物、住所等，往往会忽略精神层面的需求，即积极向上的乐观态度和坚忍不拔的意志品质，这时就需要教师引导学生关注求生指南中他们忽略的精神需求，并且在原著中找到相关内容，使他们深切地感受到内心强大才是鲁滨孙能够坚持27年的核心动力，同时，学生对人物的理解也会更加全面深刻。

模块三：卡拉娜是怎么办的

活动资源

阅读随笔

实践平台

卡拉娜面对困境是怎么应对的？和鲁滨孙的做法相比较，发现了什么？

教师分享

奥台尔笔下《蓝色的海豚岛》是一部专门写给孩子的历史小说，被美国协会评为“1776 年以来最伟大的 10 部儿童文学作品”之一，获得了国际儿童文学奖的两项最高荣誉“纽伯瑞奖”和“安徒生奖”。整个故事情节与《鲁滨孙漂流记》十分相似，讲述了印第安女孩卡拉娜在孤岛上生活 18 年的故事，堪称“女孩版”的《鲁滨孙漂流记》。

静心省思

当我们独自一人置身危机四伏的丛林深处，离开了父母的庇佑、亲人的呵护，离开了朋友的陪伴，不再有唾手可得的食物，不再有遮风挡雨的房间……有谁能生存下来吗？

可能有人会认为：对于小学生而言，虽然他们对这种荒野生存技能的讨论非常感兴趣，但现实生活中像小说中主人公那样流落荒野的可能性极小，发动这样的讨论有什么意义吗？当然有意义，有关“生存”的任何知识都有意义，有关“生存”的思考都有价值。即使将来这些知识并没有用武之地，但这些讨论会给儿童读者带来一个安定生活中难以获得的看待人生的重要视点，让他们获得在现实生活中难以得到的精神满足。

对于这部作品的推荐阅读过程，我们尝试着将课内外阅读进行一体化的设计。课内学习单篇，借助梗概与节选初识作品，课外自主阅读，读中进行推进阅读的分享与指导。在此次阅读指导中，我们设计了三个活动板块，分别是“如果是我怎么办”“鲁滨孙是怎么办的”“卡拉娜是怎么办的”，以制作“荒岛求生指南”为载体，推动学生的阅读思考。学生从求生过程中的物质需要，逐渐领会到精神强大的意义，从鲁滨孙一次次冒险战胜自己的过程中，感受到主人公对自由与梦想的追求。整本书的阅读指导，我们突破了教师的讲解，建构学生阅读活动的板块，鼓励学生在阅读活动中发展阅读思维，提升认识水平，触摸作品主题。

拓展阅读

《神秘岛》

二

推荐版本

	作者：马克·吐温
	出版社：译林出版社
	出版时间：2016 年 9 月

内容梗概

《汤姆·索亚历险记》是美国幽默文学大师马克·吐温的代表作。它是一部充满童趣的小说。汤姆·索亚这个美国小顽童讨厌学习、打架闹事、不守教规，但同时又正直、善良、足智多谋、富有冒险精神。他对自由自在、充满激情的生活的追求，令人深受感染。一天深夜，汤姆与好朋友哈克贝里·芬到墓地玩耍，无意中目睹了一起凶杀案。因为害怕被凶手发现他们知道这件事，汤姆、哈克贝里带着另一个小伙伴一起逃到一座荒岛上做起了“海盗”，弄得家里以为他们都被淹死了。结果他们却出现在自己的“葬礼”上。经过激烈的思想斗争，汤姆终于勇敢地站出来，指证了凶手……

作者简介

马克·吐温，美国幽默大师、作家、演说家。作品风格以幽默与讽刺为主，既富于独特的个人机智与妙语，又不乏深刻的社会洞察与剖析，其人被推崇为

阅读随笔

“美国文坛巨子”，主要代表作品有《汤姆·索亚历险记》《百万英镑》等。他的文章《威尼斯的小艇》一直入选小学语文教材。

推荐理由

统编版教材六年级下册第二单元“跟随外国文学名著的脚步，去发现更广阔的世界”，在这个单元中有三本外国名著的节选，分别是《鲁滨孙漂流记》《骑鹅旅行记》《汤姆·索亚历险记》。在本单元的“快乐读书吧”中则推荐阅读这三部作品。教材这样安排的目的，就是使学生从单篇节选走向整部作品的阅读。就这三本书而言，学生并不陌生，《骑鹅旅行记》有的学生在小时候就看过改编的动画片，《鲁滨孙漂流记》与《汤姆·索亚历险记》这两本书情节曲折，人物形象生动鲜明，深深吸引着读者。开启《汤姆·索亚历险记》的阅读之旅，不仅是教材规定的教学内容，也是学生阅读的需求。

全程指导

执教教师：马蕾

教学目标：

1. 激发学生阅读《汤姆·索亚历险记》的兴趣，点燃阅读期待。
2. 在历险的曲折情节中，感受汤姆·索亚鲜活的人物形象。

实施阶段：第二阶段（读中推进）

模块一：聊聊这个孩子——初识汤姆·索亚

实践平台

在你心目中，主人公汤姆·索亚是个怎样的孩子？结合作品，说出你的想法，并谈谈你是从哪个情节中感受到的。也可以将你的想法用思维导图的形式记录下来。

学生记录的思维导图举例如下：

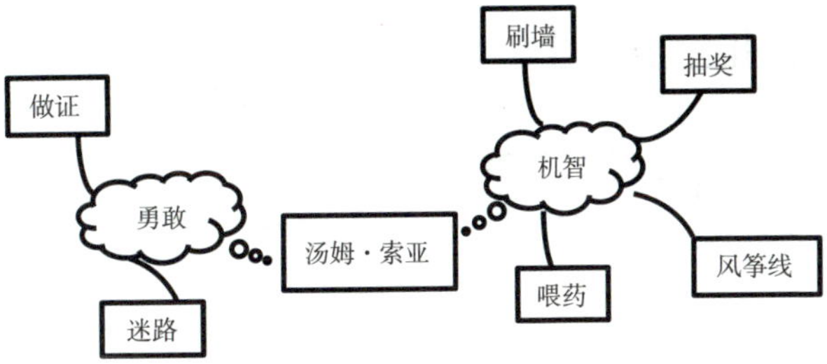

教师分享

对于汤姆·索亚留给我们的印象，不同的读者阅读，会有不同的感受，当然也有共识的地方，好比“机智”这一特点，大家就有共识。我们也会发现，在同一部作品中，作者往往通过不同情节展现人物的同一个特点。而且即使是同一个情节，在我们反复阅读之后，对人物或整部作品的理解也会更加深入。

模块二：整合这些情节——走近汤姆 · 索亚

活动资源

书中与出庭做证相关的情节

实践平台

大家认为汤姆 · 索亚是个勇敢的孩子，找到了出庭做证的情节来加以证明。与出庭做证这件事情相关的情节有哪些呢？根据故事发展，找到这些情节，并将这些情节三三两两地联系在一起再读一读，又会有什么感受？也可以将你找到的内容，你的发现继续记录在思维导图上。

学生记录的思维导图举例如下：

阅读随笔

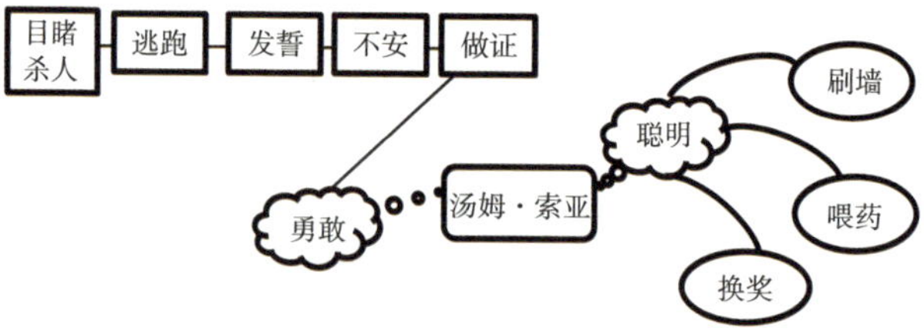

教师分享

联系着阅读的这些情节，了解了汤姆·索亚从目睹杀人到出庭做证的过程，感受到了他曾经经历了纠结、煎熬、复杂的心理斗争，然而他最终能够做出正确选择，在法庭上指认真凶。我们对汤姆·索亚的形象的认识就更丰富、更真切了。我们知道了，每个人都不是生来就是勇敢的，但当我们在遇到一些事情的时候，如果最终能够做出正确的选择，我们就成长了，就成了一个真正的有正义感的人。

其实，除了有正义感和聪明智慧以外，汤姆·索亚身上还有很多特点，反复阅读，对这个人物的认识会更加丰富。

模块三：回看这部作品——结识马克·吐温

实践平台

《汤姆·索亚历险记》的作者是马克·吐温，随着他的文笔我们与汤姆·索亚一起历险，一起成长。在这本书中，有关历险的情节有哪些呢？其余的情节与历险有关吗？请大家再次翻阅这本书，说说你的看法。我们也会再次感受到大作家马克·吐温作品的文学魅力。

静心省思

信息关联，让人物形象鲜活起来。一本书与一篇文章有何区别？一本书中的信息相对一篇文章而言更加庞杂与丰富。在阅读一本书时，情节之间相互交织，形成了一张信息网，在阅读时，学生需要将零散的信息进行关联，阅读思维在信息统整中得到发展。比如对汤姆·索亚的认识，学生最初的感受是勇敢，这个“勇敢”是对人物形象浅层次的认识，“勇敢”如同一个冷冰冰的人物标签。其实，“勇敢”是丰满的、有温度的。当学生将书中的几个情节联系在一起阅读，就能感受到，从目睹杀人到出庭做证，汤姆·索亚经历了一个万分煎熬的过程。汤姆的正义感战胜了恐惧，“勇敢”不再是一个干巴巴的标签，而是一个活生生的小男子汉的代言。这也让我们体会到文学形象的魅力。

思维导图，将阅读过程展现出来。学生在读整部作品时，往往只关注某一个情节，而忽视了情节间的相互联系。换言之，他们缺乏信息统整的意识与能力。而建立信息统整的意识，形成整合信息的能力，会使阅读理解不断深入。然而，思维是暗箱，是隐性的，不易察觉的。在实际教学中，我们犯愁的正是如何将学生的思维过程显现出来，使学生看到思维的轨迹，了解统整的过程。思维导图的引入，就解决了这一问题。借助思维导图，学生看到了情节间的关系，逐步丰富了对人物形象的认识，阅读力也在这个过程中有所提升。

阅读随笔

（六）红色经典——爱上那抹红色

一

推荐版本

<table>
<tr><td rowspan="3">
</td><td>作者：徐光耀</td></tr>
<tr><td>出版社：长江文艺出版社</td></tr>
<tr><td>出版时间：2015 年 8 月</td></tr>
</table>

内容梗概

抗日战争时期，生活在白洋淀的小男孩张嘎与唯一的亲人——奶奶相依为命。为了掩护在家里养伤的八路军钟连长，奶奶英勇地牺牲在日本鬼子的手枪下，而钟连长被敌军带走。

为了替奶奶报仇并救出钟连长，嘎子历尽艰辛，找到了八路军罗金保，当上了一名小侦察员。一次，他配合老罗叔执行任务时，用钟连长送给他的木枪指着日军的翻译官，缴获了一把手枪，表现得非常神勇。

在一次战斗中，他又缴获了皇协军长官的一把手枪。为此，他中弹了，在大伯家养伤。一天，他偷偷地离开了大伯家，打算回部队报到。在路上，嘎子却被日本鬼子抓走了。

为了救出钟连长和嘎子，部队打算穿过鬼子的封锁线，与鬼子火拼。嘎子面对敌人的盘问，英勇地反抗。部队攻打敌军时，他设法在里面放火，里应外合，最终一举歼灭了敌人，救出了钟连长，立了大功，也替奶奶报了仇。乡亲们都非常喜欢他。

战斗结束以后，嘎子把藏在鸟窝里的手枪上缴，区队长正式宣布，这把手枪正式交付给嘎子使用。他心满意足，把钟连长送给他的木枪送给了他的好朋友——胖墩。

从此以后，嘎子和同志们打了许多胜仗，成了家喻户晓的小英雄！

作者简介

徐光耀笔名越风，河北雄县人，中共党员、作家。1938 年参加八路军，历任 120 师特务营战士，冀中军区警备旅政治部除奸科干事、技术书记，解放军第 20 兵团野战新华分社记者。1947 年开始发表作品。1953 年加入中国作家协会。著有长篇小说《平原烈火》，中篇小说《少小灾星》《四百生灵》，短篇小说集《望日莲》《徐光耀小说选》。作品《小兵张嘎》先后改编成连环画、电影、电视剧等作品，书中的片段还多次选入语文课本，具有广泛的影响力。

推荐理由

读红色经典，传承革命精神。统编版教材从内容选取上十分重视革命传统教育，其中革命领袖、革命教育的课文有 40 篇。如《军神》《为中华之崛起而读书》等。在统编版教材六年级“快乐读书吧”中推荐阅读《小兵张嘎》这部作品。这本书描写的是中国抗日战争的这段历史，阅读这本书仿佛让我们听到了八路军战士铿锵有力的步伐，看到了栩栩如生的抗日英雄与他们所做的可歌可泣的英雄事迹。阅读这本小说能让孩子深切地感受到我们和平、幸福的生活来之不易。在阅读中接受革命传统教育，传承“红色”精神。

读小说，感受文学魅力。这部小说将小主人公的形象刻画得鲜活生动。主人公张嘎充满那个烽火年代少年儿童的特质——如鲜活顽强的生命力、质朴得近乎执拗的思维和行为方式、面对苦难时的乐观和勇敢、

阅读随笔

面对艰险时的镇定和从容，当然也少不了他们所特有的智慧与幽默，作者通过他的事迹向我们展示了抗日战争时期儿童抵抗日本帝国主义侵略时的小英雄形象。同时，小说的情节跌宕起伏、生动有趣。“奶奶掩护钟连长”“与胖墩摔跤”“用木枪智夺手枪”“中弹负伤”“里应外合救出钟连长”等情节，一波三折。尤其是作品以孩子的视角来讲述故事，学生更容易走进故事中，走进那个年代。

全程指导

执教教师：赵军

教学目标：

1. 激发学生阅读《小兵张嘎》的兴趣。初步感受张嘎活泼的小兵形象。
2. 引导学生发现阅读“红色经典”类小说的阅读视角，传承“红色”精神。

实施阶段：第一阶段（读前导读）

模块一：读前游戏，学习阅读策略

活动资源

实践平台

1. 读前游戏——明确预测应有理有据。

根据《小兵张嘎》书籍相关图片，猜测书中相关内容。

2. 结合阅读现状分组。

由于学生对这本书相对熟悉，因此在导读前根据学生的实际阅读状况分组。将读过的与没读过的同学分别分组，形成推测组和判断组。在接下来的阅读过程中，没有读过的同学更多地进行推测，而阅读过本书的同学可以进行揭秘和判断，使每位同学都有自己的阅读任务。

教师分享

预测的阅读策略不是胡乱猜测，而是根据已知的信息进行有理有据的推测。预测不仅能使读者与文本进行深度对话，也会使读者在预测后自主建构文本内容，产生阅读期待，在不断的构建中提高自身的思维水平。

模块二：初探阅读视角

活动资源

第一章　在这个庄子上，一个有趣的故事开头了。
第二章　这老钟本是个脾气随和，有小孩心性的人。
第三章　小嘎子叫天般哭起来了……
第四章　借月光一看，那铜子弹壳做的枪筒，仍在灿灿放光。
第五章　蛐蛐儿你飞我跳，不断弹落草也上的露珠儿。
第六章　“三丈多高的大树，我一口气就能爬上去。”
第七章　小嘎子就背个草筐，拿把短镰，溜到村头上去了。
第八章　耳朵里只听得轻轻一声：“不准动！”
第九章　眼睛随着他的两杆枪上下翻飞，完全给迷住了。
第十章　一只小家雀儿却捧在手里了，那蓬松的羽毛，溜黑的小眼儿。
第十一章　手榴弹排枪齐放，砰砰啪啪，一阵子流星急雨。
第十二章　两个人说笑话，破谜猜，说绕口令，笑个没完。
第十三章　玉英顺手捞起几个菱芰，丢给小嘎子。
第十四章　小嘎子猴儿似的一口气就爬上了大树。
第十五章　战士们逗得直纳闷：在这个节骨眼上，他是打哪儿钻出来的呢？
第十六章　他们到底在说些什么呢？
第十七章　一个个屏气凝神，等待着春雷的发动。
第十八章　小嘎子信手掰下一块，往半空里一扔。
第十九章　“我现在想参加共产党，你瞧够格吗？……”

阅读随笔

实践平台

看书名与目录，你能推测出书的内容或许与什么有关系？

学生发现的视角如下：

（1）依据小兵进行猜测——触摸时代背景。

（2）依据张嘎的嘎字进行猜测——揣测人物形象。

（3）依据目录进行猜测——内容与战争有关。

教师分享

《小兵张嘎》讲述了抗日战争时期一个儿童从普通小孩逐渐转变为小兵的战争儿童题材的小说，从书名以及目录中我们就可以触摸当时的时代背景。

模块三：走进文本，预测推想，拓展阅读视角

活动资源

【节选一】第四章

每逢“扫荡”过后，平原上常常出现这样的死寂。小嘎子看看窗外，窗外只有几道月光漏进来。小嘎子伸手去嘴唇上试试，冰凉。他一下子站起来，自语道：“死——啦？”这一声刚刚落地，哇的一声，他扑在老奶奶身上大哭起来了。

哭声惊动了纯刚大伯，也惊动了邻居们。他们一同流着眼泪，帮助把老人装殓起来，当夜便草草入了土。而后，纯刚大伯把小嘎子领到自己家去，劝他，安慰他，给他做饭吃，又慢慢哄他睡了觉。

可是，小嘎子哪里睡得着？他仍然悄悄在哭，一面心里盘算着：“哭吧，哭够了，再想想办法。”头一桩，当然是报仇。他猛地想到了枪。伸手往腰里一摸，咦，跟敌人打了这么半天滚儿，那“张嘴灯”竟还安然在腰里别着哩！他忙拔下来，借月光一看，那铜子弹壳做的枪筒，仍在灿灿放光。

【节选二】第九章

“你们看见过这样的枪吗？”小嘎子（　　）“王八盒子”，（　　）眼儿，俨然是玩枪的老在行似的，“瞧，长苗儿，厚棱儿，口径嫩，绷簧紧，里里外外，满挂烧蓝；一扣机啊，嘎！嘎！连扣连响，不坐不摆，又稳当，又脆声，这才真是新出炉的东洋造啦！”

【节选三】第九章

小嘎子脑袋上轰的一下，青筋都暴起来了。他定神看看区队长，这小老头儿虽然温和地笑着，却是很严肃的，一点也不像闹着玩儿。

“非得交不行吗？”小嘎子恐慌地说。

“是啊。”

小嘎子傻着眼，半晌说不出话来。“可是，”他忽地理直气壮了，把枪一举说，“________。”

“报仇可不是你一个人的事，得靠大家才成。”区队长不慌不忙地说，“说靠大家，还不是光指咱地区队，是指全体，指党政军民一齐来。光凭你一个人，就是抱挺机关枪，能报仇吗？”

“________________________________。”

“孩子，扫一片，也不过打死几个日本鬼子，只报了你一个人的仇。别人呢？还有更多的人死了奶奶，死了爹妈，死了亲人哪！更重要的是日本帝国主义天天都在杀人、放火、抢东西！旧仇才报，又来了新仇。你怎么办？当真说到报仇雪恨，我们只能把眼光放大！咱们是共产党领导的革命队伍，最终目标是要解放全人类！可你光想到私仇，这怎么能当革命战士呀？”

小嘎子眼里湿起来，他驳不倒区队长，区队长的道理是如此的光明正大！可又觉得这实在是欺负人，为什么单叫我交枪呢？心里一激，忽地又冲出一句来：“________________________________。”

“不许这样跟我说话！”区队长盯着他，更严肃了，“我们是军队，是有组织、有纪律的，可不是老百姓。”

僵住了。小嘎子看看周围，周围的人虽在对他微笑，可眼睛里都仿佛说：“好孩子听话，快交了吧！”他心里明白了：这是拗不过去的，他一定得和他的宝

阅读随笔

贝分手了。

“要是我以后再得了呢？”他突然又问。

“再得了也应该按命令办事……”

小嘎子不等区队长的话说完，就把枪往桌子上一扔，说声“我不要了！”

【节选四】第十五章

区队长仍然笑眯眯地，“你把手枪藏到哪儿去了？”

“什么手枪？”小嘎子嗡一下子，顿时红了脸。

“又装傻！”钱云清不慌不忙，紧盯着他的眼睛。

小嘎子愣一愣，忽然“喷儿”地乐了。他眯撒着眼儿，还想撒赖。区队长却不等他开口就说：“快去拿来！”

“好好好！”小嘎子怪可怜地点着头。可是他仍然凑到区队长身边，撒娇似的央告起来了：“好个区队长，我马上就去拿来。可是我有个要求：你得叫我再挎十天。——只挎十天！日子一到，你叫我给谁我给谁，这还不行吗？”

区队长说：“你总是有条件！”又瞅他半天，忽然问，“你先说，把枪藏在哪儿了？”

小嘎子仰头一指：“在老鸹窝里。”区队长也仰头一看，忍不住也笑起来。他终于点个头说：“好吧。可是第一，你先得服从命令；第二，再缴了枪不许又藏起来！”

小嘎子一听，真正军人式地应声：“是！”脱掉鞋，一攒劲，又爬上大树去了，在那高得眼晕的老鸹窝里掏摸着。

实践平台

1. 阅读【节选一】，推测奶奶的死因。

2. 阅读【节选二】，补充括号中的词语。

3. 阅读【节选三】，补充横线上的人物语言。

4. 阅读【节选四】，发现嘎子有什么变化。

教师分享

1. 分享第四章（节选）：推测奶奶死因，走进时代背景。

在第四章节选中奶奶的死因含糊不清地呈现在学生的面前，借此机会可以向读者介绍日本帝国主义“五一”大扫荡的背景，引导学生在阅读“红色经典”时关注历史时期的背景。

2. 分享第九章（节选）：推测人物行为，感受人物形象。

在推测张嘎的言行时，我们一是借推测去揣摩人物的内心世界，体会张嘎爱显摆的小孩子形象；二是通过推测产生阅读期待，激发学生的阅读兴趣；三是锻炼孩子的思维水平。在推测中学生积极主动地与文本交流。

在节选（二）过渡到节选（三）的资料时，可以安排学生推测情节的发展，从张嘎兴奋、高兴、显摆突然直转急下到痛哭流涕到底发生了什么事呢？让学生联系上下文，以“枪”为线索展开推测，学生推测出可能是与枪有关，进而引出节选（三）的学习。

3. 分享第十五章（节选）：关联人物言行，感受人物形象的转变，发现阅读视角。

关联两次得枪时张嘎截然不同的表现，激发了学生的阅读兴趣，产生了强烈的阅读期待，并提出问题“嘎子为什么会有这样的转变”。为进一步了解人物形象奠定基础。

实施阶段：第二阶段（读中推进）

模块一：回顾内容，把握阅读情况

活动资源

1. 连环画插图

阅读随笔

2. 电影片段

1963 年上映

主要演员：吉斯、张莹、葛存壮、吴克勤、王澍等

实践平台

1. 欣赏连环画、观看视频回忆书中的相关情节。

2. 畅谈《小兵张嘎》一书中张嘎给你留下的印象。

教师分享

张嘎的人物形象在这本书中有着很明显的转变。随着情节的发展，张嘎从一个我们熟悉的小孩子形象逐步转变为一名合格的八路军小战士，张嘎能够发生转变，一方面是他经历了一件又一件事件的历练和洗礼，另一方面是书中人物对他的影响。我们将进一步品读张嘎这个小英雄的人物形象。

模块二：挑选情节，创编剧本

实践平台

创设舞台剧情境，自主选择情节，编写剧本。

教师分享

《小兵张嘎》全书中有几个关键的事件让张嘎一步步从孩子转变为一名合格的八路军战士，这些事件无疑是整本书的关键事件，需要读者细细品味，从而体会人物形象的转变。

模块三：创编剧本，感受人物形象

活动资源

1. 书中第九章以及最后一次战役的相关情节
2. 小嘎子和胖墩摔跤的电影片段

实践平台

1. 以第九章“得枪后张嘎的炫耀”“小嘎子和胖墩儿摔跤”“堵烟筒关禁闭”的情节为内容创编剧本并表演。

2. 以最后一次战斗的情节为内容创编剧本并表演。

3. 以其他情节为内容创编剧本并表演。

教师分享

培养学生阅读的兴趣，一定要让学生感受读书的“趣”来，特别是《小兵张嘎》这样一本有着童趣的“红色经典”。在带领学生重温“得枪后张嘎的炫耀”“小嘎子和胖墩儿摔跤”“堵烟筒关禁闭”的三个情节时，要抓住人物的言行体会张嘎身上的儿童本色。如结合第九章的部分情节进行创编与表演时，可以设计以下三个环节，从不同角度使学生体会人物形象，亲近文学作品。环节一：介绍情节，分析嘎子“小孩”的人

阅读随笔

物形象。环节二：品味摔跤时的动作，与电影对照，体会阅读带来的快乐。环节三：品读区队长的形象，体会其他人物对小嘎子成长为小兵的影响。在以最后一次战斗的情节为内容进行创编与表演时，要注意引导学生发现区队长等战斗英雄对张嘎的影响，从而体会张嘎形象的不断转变。

模块四：编写主持词，重温历史，回顾小说

实践平台

编写节目主持词，100 字以内介绍这个故事。

教师分享

阅读红色经典类小说，要让学生走进历史的长河中去体会当时的时代带给人民的苦难，感受一个个鲜活的英雄形象，培养学生的爱国之情，为祖国更加美好的明天贡献自已的力量。

静心省思

《小兵张嘎》是一本红色经典类小说，红色经典小说有着它独特的文学价值。在这本书的全程指导中，教师顺着这本书的文学价值出发，即感受小英雄的文学形象，在小说中追溯历史，缅怀先烈，传承红色精神。

“红色”精神是时代背景的产物。要想让学生理解当时人们的言行，为什么这样说？为什么要这么做？军民的关系为什么不是亲人胜似亲人？面对敌人为什么冷酷无情，面对死亡为什么视死如归？要了解这些，就需要了解当时的历史背景，在当时的背景之下看待人物的行为才能达成理解。因此在导读时，教师首先就从张嘎奶奶的死引出日本帝国主义“五一”大扫荡这样一个特殊的历史背景，让学生了解当时人们生活的环境，体会人民的苦难，就像书中说的一样“无村不戴孝，户户闻哭声”，“出门必过路，夜观岗楼灯”。了解当时的时代背景是阅读红色经典的前提。

英雄形象是红色经典的灵魂。当我们随着故事的发展，深入故事中，我们会感受到一个个鲜活的英雄形象浮现在眼前，他们的一举一动都在牵动着读者的心，我们也会被他们的精神深深感动。同时，他们的精神品质也会深深影响读者。在这本书中，张嘎作为抗日小英雄出现在读者的面前，既然是“小兵”，

就有“小”的特点，即小孩子的天性，既然是“小兵”，就有“兵”的特点，即战士的革命精神。这些特点都集中在一个文学形象“嘎子”身上。因此，阅读指导中，就要引导学生关注张嘎的成长经历，在成长中去发现，要丰富对人物形象特点的理解。

拓展阅读

《童年》

《铁道游击队》

阅读随笔

二

推荐版本

<table>
<tr><td rowspan="3">
</td><td>作者：管桦</td></tr>
<tr><td>出版社：北京教育出版社</td></tr>
<tr><td>出版时间：2015 年 5 月</td></tr>
</table>

内容梗概

《小英雄雨来》是作者管桦从军后，根据童年时代的情景创作出的中篇小说。小说记述了抗日战争时期，晋察冀抗日根据地的儿童雨来掩护革命干部，和日本鬼子斗争的故事，歌颂了抗日根据地儿童热爱祖国、勇敢机智和敌人斗争的好品质。正是一部培养少年儿童爱国主义情操，塑造中华民族不屈性格的教育读本。小说中的芦花戏水、星夜攻读、智护交通员的情节，苇丛雏鸭、五谷飘香的田园风光景物，鲜活的方言土语，无一不是那场风起云涌的民族解放战争中燕赵大地的真实写照。中篇小说《小英雄雨来》，早已被选入 全国中小学语文教科书中，感染和教育了不止一代人。

作者简介

管桦，原名鲍化普，男，河北丰润人。中共党员。1942 年毕业于华北联合大学文学系。1940 年参加革命工作，历任冀东区党委机关报《救国报》随军记者，冀东军区政治部尖兵剧社文艺队副队长、队长，冀察热辽军区文工团副团长，东北鲁迅艺术学院研究员，中央乐团创作员，北京市作协驻会作家。代表作中篇小说《小英雄雨来》，长篇小说《将军河》等，由他作词的儿童歌曲《听妈妈讲过去的事情》《我们的田野》《快乐的节日》等，传唱至今。

推荐理由

这是一部经典的红色文学作品。《小英雄雨来》自1948年以《雨来没有死》发表在《晋察冀日报》上时，就受到了读者的强烈好评，当时任鲁迅文学院研究室主任的周立波称赞这篇小说写得有骨头有肉，非常值得一读，是一篇不可多得的佳作。人们被小说中主人公雨来的精神吸引、感动，其中与敌人斗争的种种情节振奋着大小朋友的心。本书以儿童的视角表现人物，雨来是个12岁的少年，他机智勇敢，内心善良，忠于革命，作者通过他的事迹向读者展示了抗日战争时期晋察冀地区的抗日小英雄们的光辉形象。

红色精神需要代代传承。我们的学生生长于幸福年代，他们远离革命和战争，无法深刻理解今日生活的来之不易，无法感受在战争年代和他们年纪相仿的小朋友们为了革命的胜利何等的勇敢坚强，而阅读《小英雄雨来》这部红色经典小说，能让学生深切体会和平和幸福的来之不易，体会小英雄的光辉形象。同时，在阅读中潜移默化地接受革命传统教育，增强爱国之情，传承“红色”文化，铭记责任，发愤图强。

课内外阅读需要互促。《小英雄雨来》自中华人民共和国成立初期就被选进了语文课本，将教材中的单篇作品与整部作品进行一体化阅读，既有助于学生对教材中课文的学习，也有助对整部作品的深入理解。

阅读随笔

全程指导

执教教师：于婷婷

教学目标：

1. 激发学生阅读《小英雄雨来》整本书的兴趣。
2. 在情节中感受、丰富雨来的“小英雄”形象。

3. 在阅读中潜移默化地受到革命传统教育，传承“红色”精神。

实施阶段：第一阶段（读前导读）

模块一：初识《小英雄雨来》

活动资源

1.《小英雄雨来》课文情节连环画

2.《小英雄雨来》图书封面

实践平台

1. 出示《小英雄雨来》课文中提炼的小标题，回忆雨来给你留下了什么印象？

2. 再现课文中情节的连环画，猜想后续还会发生什么？还想知道什么？

3. 交流从封面中都了解到什么？（插图、推荐人、作者等）

教师分享

作者信息：管桦离家奔赴抗日战场，从小亲身经历、目睹了大他几岁的儿童团团长，带领同村的孩子们，站岗放哨，上树瞭望，捕捉敌情。长大从军后，童年的经历，总是像演电影似的一幕幕在脑海中浮现。就这样，《小英雄雨来》诞生了。

故事背景：1937 年，日本法西斯侵略中国之时，中国人民进行全民族抗战。青壮年参加八路军，拿起枪抗击日本侵略者。晋察冀边区是敌后抗日根据地之一，冀东还乡河两岸各村的民兵、老年人、妇女，甚至少年儿童，为保卫祖国家园与敌人进行了顽强的斗争……

模块二：借助目录，推测内容

活动资源

1. 书中部分插图

2. 目录

一　雨来这孩子	十三　杨大娃
二　夜校	十四　像八路军那样爱自己的同志
三　雨来被抓住了	
四　扁鼻子军官	十五　渡河
五　河沿上响了几枪	十六　我不累呢，我是撒尿来着
六　军事演习	
七　我们就是到这儿埋地雷的	十七　跳进人来啦！
	十八　来了个骑自行车的人
八　危险的侦察	
九　特务	十九　杜绍英
十　这儿是中国的土地	二十　妈妈决心拖住特务
十一　愤怒的土地	二十一　“一定救回自己的同志！”
十二　他们这是到哪儿去呢？	
	二十二　打呀！开枪！

阅读随笔

二十三　芦花村好不热闹	三十二　“敌人来了！”
二十四　腮帮上有“酒窝”的战士	三十三　一场大战
二十五　再有二百个柜还不够呢	三十四　钻进网里的小鹰
二十六　东屋住满了鬼子兵	三十五　“我要有枪早把你们打死！”
二十七　快走吧！	三十六　这个小八路
二十八　放羊的	三十七　怎么逃跑呢？
二十九　越胆小越害怕，越胆大越不怕	三十八　就是李大叔
	三十九　牛车上坐着个小媳妇
三十　谁？站住！	四十　战斗开始了
三十一　“快让我进去吧！”	四十一　小英雄的故事多着呢

实践平台

1. 读目录，跟同桌同学交流你的发现和猜想。

2. 观察彩色插图，你猜到了什么？

教师分享

读目录的时候带着疑问去读，就会有所发现。观察插图的时候，如果能把几幅关联起来再进行观察，会有更多的发现。

模块三：读典型事件，感受、丰富雨来“小英雄”形象

活动资源

《我们就是到这儿埋地雷的》（节选）

雨来、铁头、三钻儿他们，跟在民兵爆炸组的屁股后头，连颠带跑着喊叫说：“我们也去埋地雷！”

……

他摆出架势，两腿劈成八字，弯腰拿粉笔在那块坚硬的地上，歪歪斜斜写了几个大字：

“这儿是中国的土地！”

实践平台

1. 读《我们就是到这儿埋地雷的》片段，然后交流在这个情节中雨来给你留下了什么印象。

2. 阅读《特务》节选部分，交流在这一情节中你又看到了一个怎样的雨来。

教师分享

一个埋地雷的片段，雨来却给我们留下了不同的印象。追着申俊福要埋地雷，我们读出了一个从小就有爱国心的雨来；写字条的情节，几句有趣儿的话，不知不觉就暴露出了孩子的天性。

活动资源

《特务》（节选）

靠墙根，有一棵笔直的白杨树。因为雨来爬树爬得快，决定他先上去瞧一瞧。

……

铁头、三钻儿他们反身跳进苇塘里。路北墙里的特务朝苇塘砰砰打了几枪。因为有芦苇和高粱遮掩，他们都安全地逃了出来。只有雨来落在敌人手里了。

实践平台

阅读《特务》节选部分，交流在这一情节中你又看到了一个怎样的雨来？

教师分享

雨来上树侦察敌情的情节，我们同样看到了不一样的雨来，侦察本来就很危险，对于十二岁的雨来来说就更不容易，可见小雨来非常勇敢。而同时，雨来因为没有看到藏在树下的特务，被抓住去带路了，这又让我们看到了雨来作为小孩子粗心的一面。

阅读随笔

活动资源

《特务》（节选）

现在，雨来正领着鬼子大队在河岸上走。雨来一边走着，心里说，已经把鬼子领到地雷阵的当中来啦，我得想个办法脱身啦。怎么脱身呢？雨来一边走着，心里打主意。

……

雨来故意一边走，一边回头说话，故意迈空了脚步身子一歪，“哎呀”叫了一声，像一团小旋风似的滚进河里去了。

雨来在水里游着。他故意从水里冒出头来，刚喊着“救命啊！”就假装被波浪打进水里。接着，仿佛被涌起的波浪推上水面似的，又闪露了一下小脑袋，就沉进河底去了。

实践平台

1. 雨来得救了吗？阅读《特务》片段描写，猜猜雨来盘算什么呢？会发生什么事？并谈一谈想法从何而来。

2. 继续阅读《特务》片段，揭晓猜测的答案。

教师分享

在阅读中，前后关联起来阅读，不仅能帮助我们推测故事的发展，而且能够不断解决我们提出的问题。

活动资源

1.《越胆小越害怕》（节选）

雨来接过信，一摸，信封上插着根鸡毛还有几根火柴。他把红缨枪交给铁头，二句话没说，拔腿就向村西走。旷野被寒冷的夜雾笼罩，四外一片漆黑。群星在深远的高空里，一明一灭地闪动着它们宝石一般的亮光。雨来在两棵大树旁边停下来，辨别了一下方向，就离开大路，跳过一条不宽的水沟，绕过一丛矮树棵子，沿着小路走下去。旷野很静。只有偶然间，风吹着地里的干柴叶子，刷啦刷啦响。可以听得见自己鞋底擦着地，唰唰的响声。不知为什么，过去小朋友们谈的话，偏这时候在雨来的耳朵里响起来。铁头说，狼啊、狐狸呀，都是黑夜里爬出窝，到野地里寻找可以捕捉的食物。铁头说，狼这种野兽专找单行人，你在路上走，它在背后跟着，突然地把两只前爪搭在你的肩膀头上。你一回头，它就趁势咬住你的脖子，咬断气管，把你咬死。

雨来想起这些关于狼的故事，就一边走着，不住地瞪大眼睛向四下里看望。他心里反驳着铁头的话：____。

阅读随笔

2. 关于鸡毛信的信息：

鸡毛信源于“羽檄（xí）”，是古时征调军队的文书，上插鸟羽表示紧急，必须速递。抗日战争时期插有鸡毛的信件通常很紧急，很可能内有敌人重要情报等信息。

实践平台

1. 雨来得到了一次给八路军送鸡毛信的机会，在途中发生了什么呢？阅读《越胆小越害怕》从这一情节，思考雨来给你留下了什么印象。

2. 结合关于鸡毛信的介绍猜想雨来的想法，补充在横线上。

教师分享

结合鸡毛信的信息，又联系生活实际，走进小雨来的内心，看到了他虽然胆小，但对革命信念坚定。

模块四：关联人物形象，感受小英雄形象

实践平台

1. 在不同情节中雨来给我们留下了的一个个“不同”的印象。

2. 比如雨来既勇敢又胆小，既机智又粗心，有冲突的地方。

3. 不同的性格特点都统一在雨来一个人的身上，

有什么新的感受？

教师分享

面对敌人时，雨来是勇敢、机智的。但雨来也是个小孩子，跟在座的学生差不多大，也有着小孩子的天性，这本书中向我们展示的就是这样一个十二岁孩子的最真实的一面。这才是一个活生生的人，是我们心中的小英雄——雨来。

实践平台

1. 小雨来到底有没有上战场呢？再看目录，说发现。

2. 继续阅读《小英雄雨来》，演一演喜欢的情节，排演小英雄雨来的故事。

静心省思

《小英雄雨来》是在《小兵张嘎》的研究基础上进行了红色经典阅读的又一次尝试。在这本书的全程指导中，学生已经具备了一定的阅读红色经典作品的策略，比如，学生在阅读中发现故事背景不清晰，他们会主动地查阅相关资料辅助阅读。比如，学生在体会文学形象上，不仅关注了英雄形象，也关注了小孩子的特点。但是，学生对文学形象的理解，还停留在零散的若干方面，而不能将人物的不同性格特点综合在一个“雨来”的形象上。学生阅读时提出了质疑：为什么雨来勇敢又胆小？难道这不矛盾吗？雨来很有智慧，怎么有的时候那么鲁莽，好像丢掉了智商？其实，这正是文学形象的魅力，文学形象不是扁平化的，而是立体、丰富、多元的。在阅读中，教师引导学生发现雨来身上的矛盾点，引导学生探究为什么会有这样的矛盾。学生将书中不同章节的情节进行关联阅读，组合阅读，逐步体会雨来的内心，感受人物形象的鲜活。“形象大于思想”，红色经典的阅读就需要在学生心中树起一位位有血有肉的英雄形象，用形象打动学生，用形象传送精神。

拓展阅读

《赤色小马》

《小游击队员》

（七）传奇小说——拍案叫绝的故事

推荐版本

<table>
<tr><td rowspan="3">
</td><td>作者：冯骥才</td></tr>
<tr><td>出版社：人民文学出版社</td></tr>
<tr><td>出版时间：2016 年 1 月</td></tr>
</table>

内容梗概

《俗世奇人》是著名作家冯骥才创作的文化小说集。书中所讲之事，又多以清末民初天津卫市井生活为背景，每篇专讲一个传奇人物的生平事迹，素材均收于长期流传津门的民间传说，人物之奇特闻所未闻，故事之精妙叹为观止。文章用天津话以及古典小说的白描入笔，极具有故事性和传奇性。

作者简介

冯骥才，祖籍浙江宁波，生于天津。青年时代师从北京画院画师惠孝同研习宋元绘画，并问道于吴玉如先生，学习古典文学。曾在天津书画社专事摹古，也是新时期文学的重要作家。后重拾丹青，开创中西兼容、清新精雅、意境隽永的画风，海内外有“现代文人画”之称。冯骥才兼为文化学者，二十世纪末以来投身文化遗产抢救，影响深远。他的多篇文章入选中小学语文教材，深受学生读者的喜爱。

阅读随笔

推荐理由

有人说，冯骥才有一双女娲的手。他不仅文章写得绝妙，绘画也是一等一的高手。他的很多作品被收录在小学、中学语文教材中。《刷子李》入选统编版（五年级）语文课本，《泥人张》《好嘴杨巴》入选中学语文教材，这些作品均收录在《俗世奇人》一书中。学生阅读教材中的单篇，恰恰为阅读整部作品开启了一扇窗，阅读整部作品也恰恰为单篇课文的学习提供了丰富的阅读资源。尤其，全程指导中推荐阅读的《俗世奇人》足本，冯骥才先生亲自为足本作《自画小说插图记》，并透露本次创作和作画缘由。以下为冯先生的相关创作感想：

我为自己小说画插图全然出于一种兴趣。有时小说写完，人物还在脑袋里活灵活现，我是画画出身的，便禁不住画了出来……

别人画的是他们心里的《俗世奇人》，我画的是我的。这些人物是从我脑袋里生出来的，我知道他们的脾气秉性，挤眉弄眼是什么样子；再有，我在天津生活了一辈子，深谙天津人骨子里那股子劲，那种逞强好胜，热心肠子，要面子，还有嘎劲。我画，更是画这些东西。

阅读这部作品不仅能领略冯骥才先生传奇小说的魅力，也能有幸欣赏先生绘画的艺术。

全程指导

执教教师：马蔷

教学目标：

1. 激发学生阅读《俗世奇人》的兴趣，点燃阅读期待。

2. 通过感受奇人形象，体会往昔此地之众生相，即特定时期天津卫码头市井人物的集体性格。

3. 揣摩小说的写作秘妙，感受冯骥才传奇小说的风格特色。

实施阶段：第一阶段（读前导读）

模块一：初识《俗世奇人》

活动资源

本书封面

实践平台

呈现书名，请学生猜测书中会写些什么内容。

序

天津卫本是水陆码头，居民五方杂处，性格迥然相异。然燕赵故地，血气刚烈；水咸土碱，风习强悍。近百余年来，举凡中华大灾大难，无不首当其冲，因生出各种怪异人物，既在显耀上层，更在市井民间。

（1）结合学生对于“奇人”进行的猜测，走进书中了解奇人：

码头上的人，全是硬碰硬。各行各业，全有几个本领齐天的活神仙。刻砖刘、泥人张、风筝魏、刷子李等等。天津人把这种人的姓，和他们拿手擅长的行当连在一起称呼。叫长了，名字反没人知道。只有这一个绰号，在码头上响当当和当当响。

（2）结合学生对于“俗世”进行的猜测，走进书中了解俗世：

俗世，就是指隐去了帝王将相、皇亲国戚、达官贵人等上层人物的身影，把触角伸向了最底层的市井人物和市井生活。

模块二：初探阅读视角

活动资源

1.《刷子李》（节选）

刷子李是河北大街一家营造厂的师傅。专干粉刷一行，别的不干。他要是给您刷好一间屋子，屋里任嘛甭放，单坐着，就赛升天一般美。最叫人叫绝的是，他刷浆时必穿一身黑，干完活，身上绝没有一个白点。别不信！他还给自己立下一个规矩，只要身上有白点，

阅读随笔

白刷不要钱。倘若没这本事，他不早饿成干儿了？

……

说着，刷子李手指捏着裤子轻轻往上一提，那白点即刻没了，再一松手，白点又出现，奇了！他凑上脸用神再瞧，那白点原是一个小洞！刚才抽烟时不小心烧的。里边的白衬裤打小洞透出来，看上去就跟粉浆落上去的白点一模一样！

刷子李看着曹小三发怔发傻的模样，笑道："你以为人家的名气全是虚的？那你是在骗自己。好好学本事吧！"曹小三学徒头一天，见到听到学到的，恐怕别人一辈子也未准明白呢！

2.《泥人张》（节选）

手艺道上的人，捏泥人的"泥人张"排第一。而且，有第一，没第二，第三差着十万八千里。

只见人家泥人张听赛没听，左手伸到桌子下边，大鞋底下抠下一块泥巴。右手依然端杯饮酒，眼睛也只瞅着桌上的酒菜，这左手便摆弄起这团泥巴来；几个手指飞快捏弄，比变戏法的刘秃子的手还灵巧。海张五那边还在不停地找乐子，泥人张这边肯定把那些话在他手里这团泥土全找回来了。随后手一停，他把这团往桌上"叭"地一戳，起身去柜台结账。吃饭的人伸脖一瞧，这泥人真捏绝了！就赛把海张五的脑袋割下来放在桌上一般。瓢似的脑袋，小鼓眼，一脸狂气，比海张五还像海张五。只是只有核桃大小。

3.《苏七块》（节选）

苏大夫本名苏金散，民国初年在小白楼一带，开所行医，正骨拿环，天津卫挂头牌，连洋人赛马，折胳膊断腿，也来求他。

他手下动作更是"干净麻利快"，逢到有人伤筋断骨找他来，他呢？手指一触，隔皮戳肉，里头怎么回事，立时心明眼亮。忽然双手赛一对白鸟，上下翻飞，疾如闪电，只听"咔嚓咔嚓"，不等病人觉疼，断骨头就接上了。贴块膏药，上了夹板，病人回去自好。

实践平台

1.由目录探寻视角。

看目录，能猜出他们奇在哪儿吗？为什么说他们是奇人？对谁感兴趣？

2. 欣赏奇人之奇。

走近奇人，奇在何处？选择最感兴趣的一位奇人，与伙伴交流。

教师分享

1. 分享传奇小说的阅读视角，如：小说中刻画了生动的奇人形象，每个人物都有一手绝活；小说中叙述了一个个奇绝的故事，每个故事都引人入胜。

2. 分享《泥人张》，留有悬念，激发阅读期待。

分享时，教师翻开书绘声绘色读故事，并在恰当处戛然而止，设置悬念：

第二天，北门外估衣街的几个小杂货摊上，摆出来一排排海张五这个泥像，还加了个身子，大模大样坐在那里。而且是翻模子扣的，成批生产，足有一二百个。摊上还都贴着个白纸条，上面写着：贱卖海张五。

海张五有权有势，泥人张就是个码头上的手艺人，这次激怒了海张五，结果会怎样？还会发生什么？同学们，还有什么疑问吗？欲知结果如何，走进书中一探究竟。

3. 分享《苏七块》，留有悬念，激发阅读期待。

分享时，教师翻开书绘声绘色读故事，并在恰当处戛然而止，设置悬念：

苏大夫好打牌，一日闲着，两位牌友来玩，三缺一，便把街北不远的牙医华大夫请来，凑上一桌。玩得正来神儿，忽然三轮车夫张四闯进来，往门上一靠，右手托着左胳膊肘，脑袋瓜淌汗，脖子周围的小褂湿了一圈，显然摔坏胳膊，疼得够劲。可三轮车伕都是赚一天吃一天，哪拿得出七块银元？他说先欠着苏大夫，过后准还，说话时还哼哟哼哟叫疼。谁料苏大夫听赛没听，照样摸牌看牌算牌打牌，或喜或忧或惊或

阅读随笔

装作不惊，脑子全在牌桌上。一位牌友看不过去，使手指指门外，苏大夫眼睛仍不离牌。“苏七块”这绰号就表现得斩钉截铁了。

苏大夫究竟医治了三轮车夫了吗？大家猜测，说说你的根据。欲知结果如何，请走进这部小说。

模块三：拓展阅读视角

教师分享

今天的阅读课，我们只是初步走进了《俗世奇人》这本书，感受到了奇人的形象，看到了他们立足于天津卫水路码头的绝活。我们在课下继续阅读这本书，你想从书中继续了解什么？或者有什么感兴趣的问题想去了解呢？

视角一：继续欣赏奇人的形象。

视角二：俗世是个怎样的地方。

视角三：传奇小说有什么特点。

实施阶段：第二阶段（读中推进）

模块一：发现奇人的共同特点

实践平台

在这本书中一共写了几位人物？每个人物各有不同，各有故事，但是却收录在同一本书中？这是为什么呢？

这些人物有哪些共同之处呢？小组交流，可以用思维导图的方式记录，也可以用自己喜欢的方式。

思维导图提示如下：

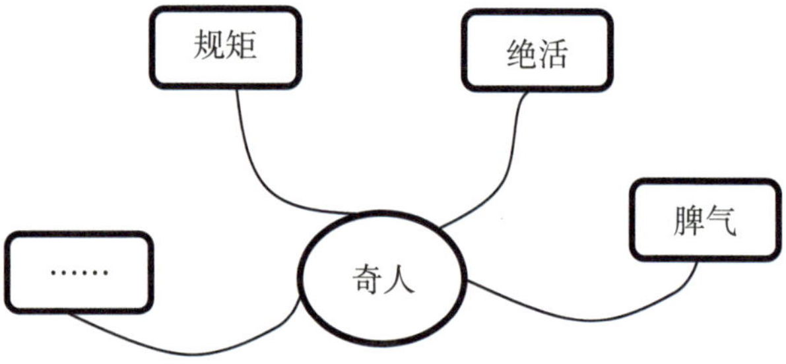

教师分享

不同的奇人具有共同之处，但是共性之中却彰显着个性。

同样是奇人，都有自己的看家本事，这手绝活练得炉火纯青。刷子李是粉刷的高手，手臂悠然摆来悠然摆去，每一摆刷，伴着鼓点，和着琴音。泥人张的绝活也在手上，捏泥人的手艺他要是排第二，没人敢排第一……

同样是奇人，都有自己的脾气秉性，就像书里说的，本事大了脾气准各色。他们每个人都很有性格。比如李金鳌的仗义、牙医华大夫认牙不认人……

阅读随笔

模块二：触摸作者的创作意图

活动资源

《刷子李》（节选）

码头上的人，全是硬碰硬。手艺人靠的是手，手上就必得有绝活。有绝活的，吃荤，亮堂，站在大街中央；没能耐的，吃素，发蔫，靠边呆着。这一套可不是谁家定的，它地地道道是码头上的一种活法。自来唱大戏的，都讲究闯天津码头。天津人迷戏也懂戏，眼刁耳尖，褒贬分明。戏唱得好，下边叫好捧场，像见到皇上，不少名角便打天津唱红唱紫、大红大紫；可要是稀松平常，要哪没哪，戏唱砸了，下边一准起哄喝倒彩，弄不好茶碗扔上去，茶叶沫子沾满戏袍和胡须上。天下看戏，哪儿也没天津倒好叫得厉害。您别说不好，这一来也就练出不少能人来。各行各业，全有几个本领齐天的活神仙。刻砖刘、泥人张、风筝魏、机器王、刷子李等等。天津人好把这种人的姓，和他们拿手擅长的行当连在一起称呼。叫长了，名字反没人知道。只有这一个绰号，在码头上响当当和当当响。

实践平台

围绕着议题“为什么必得有绝活”进行阅读讨论。

讨论点：

“硬碰硬”——优胜劣汰是码头上的生存法则。

“吃荤”——物质生活质量相对好，吃喝有保障。

“亮堂”——敞亮，人活得痛快，不憋屈。

“站在大街中央”——有地位，让人高看一眼。

“像见到皇上”——九五之尊，受人尊敬，活得有尊严。

“码头上的一种活法”——生存压力大，手艺人们作为晚清天津城市中的底层小生产者，既乏资财，又无依靠，在这种情况下，他们要想在码头上立足。只能在技能上下功夫，靠手艺说话。

三十六位奇人，冯骥才先生写在同一部小说《俗世奇人》中，仅仅是因为他们有着相同之处吗？在《刷子李》中有这样一句话：“手艺人靠的是手，手上就必得有绝活。”为什么必得有绝活呢？结合阅读，发表看法。

活动资源

《好嘴杨巴》（节选）

津门胜地，能人如林，此间出了两位卖茶汤的高手，把这种稀松平常的街头小吃，干得远近闻名。

……

杨巴的脑筋飞快地一转两转三转，主意来了！只见他脑袋撞地，“咚咚咚”叩得山响，一边叫道：“中堂大人息怒！小人不知道中堂大人不爱吃压碎的芝麻粒，惹恼了大人。大人不记小人过，饶了小人这次，今后一定痛改前非！”说完又是一阵响头。

实践平台

活动设计：学生表演《好嘴杨巴》片段，教师采访扮演杨巴的学生：“明明是中堂大人误会了，为什么你要叩头，要痛改前非呢？怎么想的？”

讨论点：杨巴只是一个手艺人，无权无势，中堂大人位高权重，只有低头求饶，才能下去。

教师分享

《好嘴杨巴》呈现了生存的环境，《刷子李》看到了环境中生存的人。一方水土养一方人，这样的环境造就了奇人，同时，这些人物的共同特点成就了这个地域的特点，成了城市性格的一部分。

模块三：揣摩传奇小说的秘妙

实践平台

1. 冯骥才先生的《俗世奇人》中每个故事都写得引人入胜。在这类传奇小说中，冯骥才是怎样把一个个鲜活的奇人形象呈现在我们眼前的呢？

2. 绘制故事情节曲线图：请你再次浏览《刷子李》，想一想，文章的曹小三对师傅的这手绝活是信还是不信呢？学生关注情节变化，画出故事发展图。

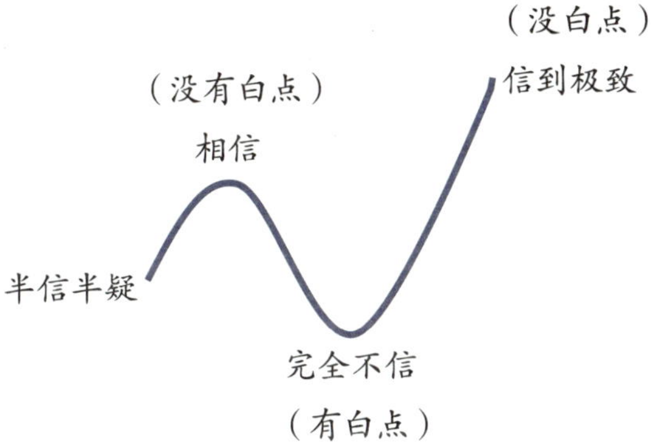

曲线图绘制依据如下：

半信半疑：曹小三当然早就听说过师傅那手绝活，一直半信半疑，这回非要亲眼瞧瞧。

相信：每一面墙刷完，他搜索一遍，居然连一个芝麻大小的粉点也没发现。他真觉得这身黑色的衣服有种神圣不可侵犯的威严。

完全不信：完了！师傅露馅了，他不是神仙，往日传说中那如山般的形象轰然倒去。

阅读随笔

信到极点：刷子李看着曹小三发怔发傻的模样，笑道：“你以为人家的名气全是虚的？那你在骗自己。好好学本事吧！”曹小三学徒头一天，见到听到学到的，恐怕别人一辈子也未准明白呢！

请同学们选择自己喜欢的故事，绘制情节曲线图，现仅呈现两幅图如下：

《苏七块》故事发展图：

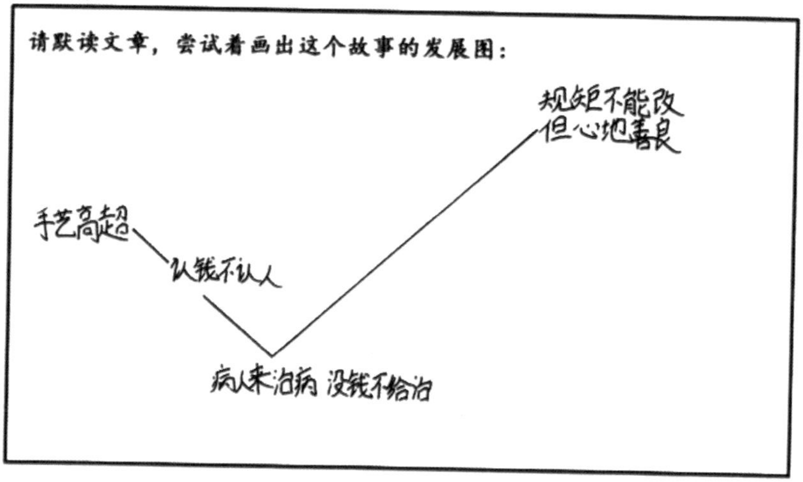

《张大力》故事发展图：

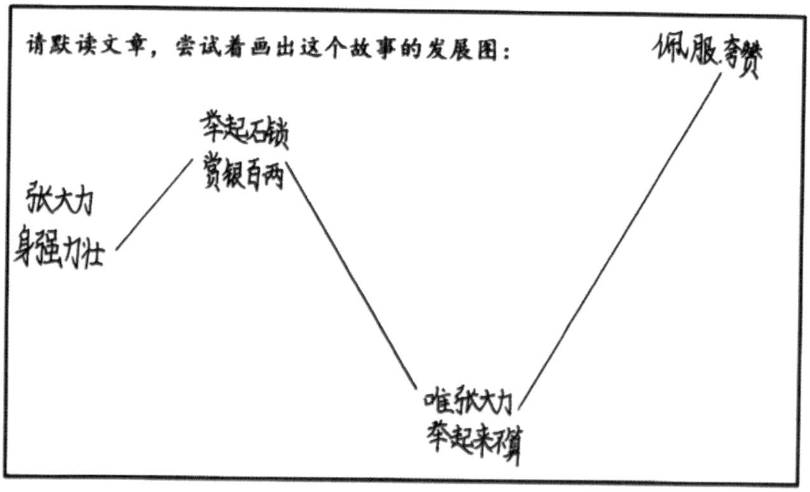

3. 比较情节曲线图：几个故事发展图放在一起，发现了什么？冯骥才在写这些奇人的传奇故事时，他怎么写故事？（一波三折、制造悬念、文似看山不喜平）

教师分享

1.《俗世奇人》题外话：

一是传奇。古小说无奇不传，无奇也无法传。传奇主要靠一个绝妙的故事。把故事写绝了是古人的第一能耐。故而我始终盯住故事。

——冯骥才

2.《俗世奇人》这本书中的传奇小说，都是通过叙述一个绝妙的故事，让我们在故事情节的曲折变化中感受奇人的形象的。那么，冯骥才先生所有的文章都这么写吗？

冯骥才曾说：“只有这类小说才这样写。这是文本的需要。”这也正是这本书《俗世奇人》的写作秘妙！

实施阶段：第三阶段（读后分享）

模块一：讲故事

实践平台

《俗世奇人》这本书深受大家喜爱，里面每一个奇人的故事都引人入胜。咱们即将进行跨年级的读书交流活动，我们就向学弟学妹们推荐这本书。请你选择自己最喜欢的一位奇人的故事，给学弟学妹们讲一讲。如果你能通过你绘声绘色地讲故事，吊起他们读这本书的兴趣，不仅说明你的故事讲成功了，而且还将一本好书推荐给了学弟学妹。

教师分享

学生进行讲故事的练习。练习时关注两个要点。

阅读随笔

要点一：通过讲故事展现出奇人形象，要求故事情节完整。要点二：“讲”不是背诵或者复述，要将故事内容理解转化。

模块二：绘腰封

实践平台

用讲故事的形式进行图书推荐毕竟时间有限，我们不能走进每一个班级，给每个同学讲故事。同时，讲故事只能讲一两个，要是想让更多的同学了解这本书，想读这本书，我们就要给这本书做个宣传。大家是《俗世奇人》的忠实读者，其中的每个故事都读过。我们欣赏了奇人形象，领略了小说的传奇色彩，甚至对于冯骥才先生写这本小说的写法也进行了探究。就请大家结合自己的阅读体验，给《俗世奇人》设计腰封。用简要的语言展现这本书的魅力。

腰封，也叫书腰，定义为“于书籍中间地带另置一条类似于腰带的文字介绍，以配合营销或书籍推荐”。

模块三：拓阅读

教师分享

我们近段时间一起阅读了冯骥才先生的《俗世奇人》，这是一部传奇小说，传奇小说有传奇小说的特点。还记得，日本的新锐作家南条竹则问冯骥才先生：“你所有小说都这样写吗？”冯骥才说：“只有这类小说才这样写。这是文本的需要。”

那么，冯骥才先生其他的文章怎么写？其他文章的魅力在哪里？其实，我们也学习过他的散文，比如《花的勇气》《挑山工》《珍珠鸟》，我们也是读得有滋有味。接下来我们就共读他的散文集。

冯骥才先生有一双“女娲”的手，他的手不仅擅长写文章，还擅长绘画。同学们也可以欣赏他的画作。

同学们会在读文赏画中，亲近一位大作家——冯骥才。

静心省思

《俗世奇人》是冯骥才先生的传奇小说集，传奇小说自有传奇小说的独特魅力。在这本书的全程指导中，我顺着“这一本”的文学特点出发，与学生一起“向青草更青处漫溯”。

“这一本”是传奇小说，把故事讲绝了是写传奇的第一能耐。

在这部小说的题外话中，记录了日本的新锐作家南条竹则问冯骥才先生，创作这类小说是否受到冯梦龙的影响。冯骥才回答，然也。我与他皆姓冯，我们这是“家传”。接着冯骥才先生谈到自己的创作受到三个方面的影响，“一是传奇。古小说无奇不传，无奇也无法传。传奇主要靠一个绝妙的故事。把故事写绝了是古人的第一能耐。故而我始终盯住故事”。因此，在全程指导过程中，我尝试着引领学生发现冯骥才先生写传奇小说的手法，他是如何讲故事的。比如，叙事时的一波三折，设置悬念，抖包袱等。关于写作形式，对于学生往往是望而不见的秘密，为了让隐藏的秘妙浮出水面，我设计了绘制故事情节发展曲线图的活动。在学生自主阅读，绘制图画，比较发现的过程中，写法的获得水到渠成。学生的发现正是冯骥才在写这类传奇小说时的叙事规律，把握了这一规律学生则触类旁通，在读这类作品时把握住了一种阅读取向。

“这一本”是传奇小说，“俗世”与“奇人”的关系耐人寻味。

在《俗世奇人》的序中，这样写道：“得知往昔此地之众生相耶？”

其中“众生”指的是这本书中写了不仅一个人物。这些人物都是最底层的市井人物。“相”指样子，我以为是指这些人物身上所反映出的天津卫码头特定时

阅读随笔

代的“集体性格”。这一集体性格就来自这些人物身上的共同点，有绝活，有个性，有尊严。冯骥才先生曾说：“天津人身上有北方人的豪爽，人情厚重，天津人争强好胜，但又总是用自嘲的方式挖苦别人，天津人的黑色幽默随处可见；天津人嘎，性格中有比较硬的东西。”“比较硬的东西”一个“硬”字很有韵味，是骨子里的不服气，是对技艺的精益求精，是要凭本事吃饭，出人头地，等等，这就是“集体性格”吧！一个地域人们的共同的性格形成了这个城市的性格，这个城市的性格又反过来影响着城市的人。我想，天津卫码头这些人物的性格，也是就天津本土性格的一部分。可见，地域文化与个人，你中有我，我中有你。

在以往自己执教的过程中，更多集中在“奇人”形象的感受上，现在细细想来，有失偏颇。这本书叫《俗世奇人》，如若只看奇人，何不改名为《奇人故事》呢？“俗世”与“奇人”的关系需要细细揣摩。因此，在此次《俗世奇人》的阅读指导中，我就设置了议题“为什么活在天津卫水陆码头的人手上必得有绝活？”以此推动学生对整本作品创作意图的思考，读出这本书的文化主题。

拓展阅读

《冯骥才散文集》

（八）动物小说——站在动物的视角看世界

推荐版本

<table>
<tr><td rowspan="3">
</td><td>作者：沈石溪</td></tr>
<tr><td>出版社：
浙江少年儿童出版社出版发行</td></tr>
<tr><td>出版时间：2008 年 11 月</td></tr>
</table>

阅读随笔

内容梗概

《最后一头战象》是“动物小说大王”沈石溪的优秀作品，全书讲述了关于大象、野猪和狗熊等动物的相关故事。在作者的笔下，这些动物和人类一样有着复杂的情感。老象嘎羧是一头即将步入坟墓的战象，奋力披挂上当年的象鞍，跋山涉水赶往百象冢，要与曾和自己浴血奋战的伙伴们葬在一起。精明的猎手觊觎百象冢里几百根价值连城的象牙，一路悄悄尾随在老战象身后。苍茫暮色中，老战象用尽生命中最后的力量，与同伴们会合，与这片曾经洒满热血的土地会合……

在沈石溪的笔下，每一只动物都有人类一般的情感，有快乐，有愤怒，有焦急，有悠闲，还有知恩图报。动物的世界中也有着社会，动物能给我们启示，引发我们深思。

作者简介

沈石溪自称沈一鸣，是著名的“动物小说大王”。现任中国儿童文学委员会委员、云南省作家协会副主席，专业作家。

1969年初中毕业赴西双版纳插队，插队期间学会捉鱼、盖房、犁田、栽秧，积累了丰富的野外生活经验。他作过水电站民工、山村教师，在云南边疆生活了18年。沈石溪先生于80年代开始从事文学创作，他的第一篇动物小说是《象群出没的山谷》，发表于1980年的《儿童文学》杂志。他已经出版500多万字的作品。

推荐理由

“动物小说”是学生喜爱的作品，尤其是沈石溪先生的动物小说在小学生课外阅读中占据一席之地。《最后一头战象》《狼王梦》《斑羚飞渡》等作品，在学生中有着极大的影响。其中《最后一头战象》曾选入小学语文教材，并在教材中推荐学生阅读整部作品。

阅读《最后一头战象》不仅能让读者领略到五彩斑斓的动物世界，而且能透过动物的世界引发读者对人类社会的深入思考。这也正是阅读动物小说的魅力吧。

全程指导

执教教师：赵媛媛

教学目标：

1. 激发阅读《最后一头战象》的期待，打开阅读沈石溪动物小说的视角。
2. 在整本书的阅读过程中发现阅读策略，提升阅读能力。

实施阶段：第一阶段（读前导读）

模块一：检索基本信息　开启阅读之旅

活动资源

出示作品封面以及目录

实践平台

1. 请曾经读过沈石溪作品的同学介绍作者以及阅读感受。

2. 通过看封面与目录，交流从中获得的信息。

教师分享

《最后一头战象》是一本动物小说，小说中的主人公都是大自然中的野生动物。

阅读随笔

模块二：巧用阅读策略　发现阅读视角

活动资源

【节选一】《象冢》

这是地震形成的凹陷，大地的一块伤疤，从亘古时代起，就成为西双版纳邦嘎山上野象群的天然坟墓。象群严格遵循祖宗遗传的独特习性，除非意外暴死，它们绝不肯随随便便倒毙在荒野。只要预感到死神迫近，无论路途有多么遥远，老象也要赶到这儿来咽下最后一口气。神圣的象冢是它们永恒的归宿。

实践平台

1. 学生阅读活动资源中的【节选一】，推想选自书中哪篇小说并说明理由。

2. 出示【节选一】的题目，推想《象冢》中主要人物——它茨甫与隆卡的关系并说明理由。

教师分享

教师引导学生在阅读过程中不断根据自己已有的生活经验、已有的阅读方法以及已知的情节内容，大胆推想，发展学生的阅读思维。

活动资源

【节选二】《象冢》

在所有年轻的公象中，它最喜欢隆卡。也许隆卡与它有着父子血缘关系，不过，野象社会里是没有父亲这个概念的，当然也不可能有什么父爱的天性。但它确确实实对隆卡有一种特殊的感情，这种感情早在二十多年前隆卡出生的那一天就滋生起来了。

……

巴娅虚弱地靠在榕树上喘息。它茨甫得意极了，让乳象骑在自己的鼻端，小家伙像只松鼠似的“吱吱”乱叫，猪嘴似的可怜的短鼻和柔嫩的蹄子顽皮的在它鼻子上乱搔，痒酥痒酥的。突然间，它心里涌起一股无端的柔情，一阵奇异的快感，一种从未体验过的喜悦……

【节选三】《象冢》

正巧，隆卡刚好卷着一只蜂窝，出现在坑沿。四目碰撞，它茨甫的心顿时凉成冰块。要是没有隆卡这家伙蛮横地夺走它的王位，它相信，自己不会这么早就得到死讯的。虽然它已经活了六十个春秋，但亚洲象的寿命有高达八十岁的。它是被气死的，被痛苦折磨死的。

瞧，隆卡这家伙的眼光里透射出骄傲和得意，蒲扇似的耳朵也在幸灾乐祸地扇动。年轻轻就登上象王的宝座，它当然要得意。它茨甫怒视着隆卡，隆卡却并不在意，长鼻一扬把蜂窝扔下来。黄澄澄的蜂蜜流在它茨甫脸上，飘起一股清香，它舔了舔，却品出无限的苦涩味。

实践平台

阅读活动资源【节选二】【节选三】，批注读后感受。

大致围绕以下两方面交流感受：

（1）象群间争夺王位是动物世界中本能的行为；

（2）大象“父子”之间复杂的情感。

教师分享

从小说的情节中，读者能感受到沈石溪动物小说中反映了动物世界的自然状态，同时也表现出它们内心复杂细腻的情感。

其实在《象冢》这篇小说中，还有一位重要的主人公，它叫巴娅。她与它茨甫、隆卡之间又是怎样的关系呢？此外，书中的《死亡游戏》《黑熊舞蹈家》等小说中，也描写了动物之间复杂而感人的情感，等待着同学们课下走进这本小说寻找答案。

活动资源

【节选四】《给大象拔刺》

一个多月后的一天下午，我又从那条路走过。突然，“咚”的一声，一只比冬瓜还大的野蜂窝掉在我面前，里头蓄满了金黄色的蜂蜜。我抬头一看，哦，是曾经绑架过我的那家子象，站在路边的草丛里，朝我友好的扑扇耳朵挥舞鼻子。显然，这只野蜂窝，是它们付给我的医疗费。

小象还欢快地奔到我面前，柔软的鼻子伸到我的鼻子上来。人和人表示亲热，是彼此伸出手来握手；象和象表示亲热，是鼻尖和鼻尖钩拉在一起握鼻。可惜我的鼻子只有一寸高，没法和它握鼻。

【节选五】《愤怒的象群》

我想，全寨子所有的人此时此刻也都在感到困惑。戛洛象群可以说是和我们曼广弄寨子和睦相处的邻居，一根半治理有方，象群从不偷吃庄稼，也从不到寨子里来捣乱，而我们即使在路上面对面遇见象，也不会射杀伤害它们。可以这么说，曼广弄寨子和戛洛象群共同拥有这方山水，是和平共处的典范。

邻居怎么就突然翻脸了呢？

火光中，一根半扬起鼻子，一步一步走上前来，粉红色的大嘴里发出一声比一声响亮的吼叫，两只象眼里小溪似的淌着两股泪水，显得异常悲愤。它不断地摇晃着那对长短不齐的象牙，向我们示威。

阅读随笔

实践平台

在这本小说中，除了动物作为主人公外，也有很多篇目描写了人与动物之间耐人寻味的故事。学生阅读活动资源中【节选四】【节选五】。

学生大致围绕以下两方面交流感受：

（1）大象对于人类的态度截然相反；

（2）为何会有如此截然相反的不同态度。

模块三：制订阅读计划　燃起阅读期待

实践平台

1. 学生从阅读、表达、情感等角度总结自己的收获。

2. 学生制订阅读计划，确保这本小说的完整阅读。

实施阶段：第二阶段（读中推进）

实践平台

1. 伙伴分享：分享自己根据动物小说视角阅读后的一些更加深入的思考与体会。

2. 参与活动：结合阅读体验，制作阅读书签，制作沈石溪动物小说腰封，为学弟学妹书写好书推介卡、绘制读书简报等。

3. 成果交流。

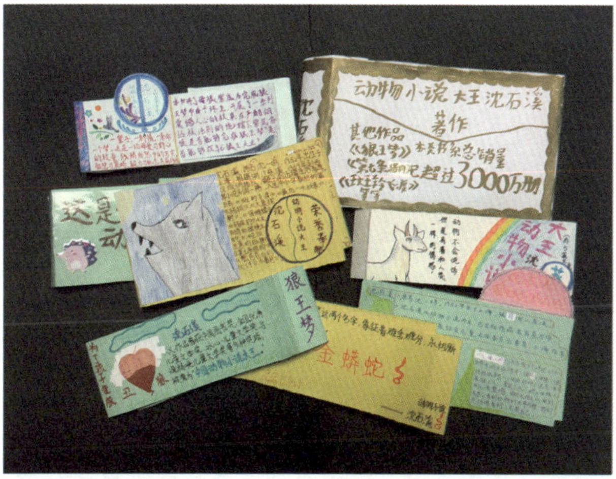

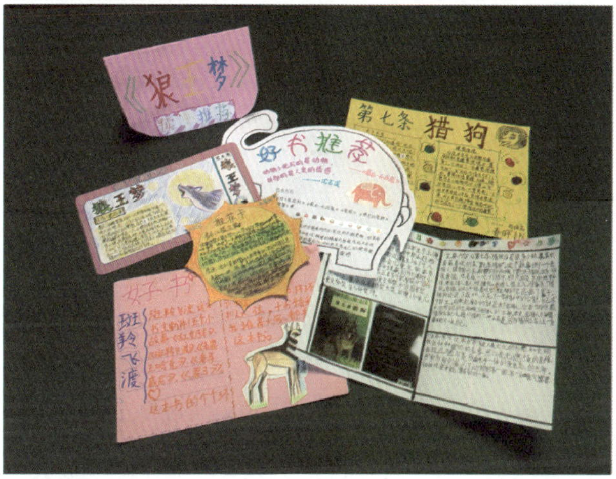

阅读随笔

静心省思

沈石溪先生的动物小说读什么？这是我们一直以来思索研究的问题。读了沈石溪先生的多部作品，在他写的《闯入动物世界》中有这样一段描述给了我们很大启发。

首先我发现自己过去对动物的理解是很肤浅的，除家畜、家禽外，动物并不是为人类而活在这个地球上的，它们和人类打交道并不是它们生活的全部内容。除了动物和人类的恩怨圈外，动物还有一个属于它们自己的弱肉强食的生存圈，完全可以在丛林法则这个色彩斑斓的舞台上塑造动物的本体形象。第二，人类社会的许多弊病和问题，人自身的一些缺陷与丑陋，例如战争、种族歧视、掠夺资源、两性差异、权力纷争、攻击行为、恃强凌弱等等，既可以用社会学观点在大文化中寻找到合理的解释和答案，亦可用动物学家的眼光从生物层面破译出原始起因。从这个意义上推论，动物小说的认识价值不仅可以超越科普知识，还可以超越“人还不如动物”这样一种照镜式忏悔，完全可以同问题小说哲理小说相媲美。

于是，我们找到了导读沈石溪先生动物小说的落脚点。其一，领略动物的本体形象，学生会在阅读中惊奇地发现，原来动物世界是这个样子。其二，反思人类的行为。即站在动物的视角看世界，或许能带给人类新的思考。读沈石溪先生的动物小说，不仅是在读动物小说，也是在读哲理小说，别有一番滋味。在《最后一头战象》的导读后，我们进一步开发了《狼王梦》的阅读，教师与学生共同讨论母狼紫岚身上的狼性与人性，甚至将紫岚教育小狼的“望狼成王”与人类社会中家长们“望子成龙”“望女成凤”的观点加以比较，去讨论父母对孩子的教育问题，去思考孩子们需要什么样的教育。这样的阅读，基于动物小说的阅读感受，又超越了动物小说的阅读体验，实现了小说与生活对接，阅读与人生共生。

拓展阅读

《狼王梦》

二

推荐版本

	作者：迈克尔·莫波格
	出版社：南海出版公司
	出版时间：2016 年 1 月

内容梗概

《战马》是一部战争题材的动物小说。小说以“一战”为创作背景，讲述了人与动物、动物与动物之间的非凡故事。

故事开始于英国乡村，1914 年，一位酗酒的农场主为了与人赌气，花了三个金币买了一匹不会耕地的小马，名叫乔伊。它与农场主的儿子艾伯特成了好朋友，建立了深厚的友谊。在他的训练下，乔伊学会了耕地。好景不长，第一次世界大战爆发了，艾伯特的父亲因为急需用钱，把乔伊卖给了军队用作战马。艾伯特很伤心，他发誓长大了一定要参军去找回乔伊。乔伊就这样参战了，在战场上它经历了数次易主，也经历了无数磨难，直到重遇艾伯特，一同返乡。

作者简介

迈克尔·莫波格是英国最受欢迎的儿童文学作家之一。《战马》是他于 1982 年初出版的一部以战争为背景的动物小说。为了弄清楚战争中的战马情况，

阅读随笔

莫波格花了很多心思，对“一战”中关于战马的历史展开了细致的调查。因此，这部作品极具感染力，莫波格更是凭借它斩获国内外多项大奖。

推荐理由

首先，这是一部享誉世界的文学作品。《战马》曾获得“惠特布莱德奖”亚军；由小说改编的各类艺术形式，风靡整个英国乃至全世界。如，改编而成的同名电影《战马》，曾获得了6项“奥斯卡”题名大奖；改编的同名舞台剧曾包揽了有戏剧界奥斯卡之称的“托尼奖”六项大奖。

其次，这是一部手法精妙的文学作品。小说以独特的第一人称进行创作，以一匹马的视角来写故事，引人入胜。加之整部小说的情节跌宕起伏，情感细腻真挚，读起来感人至深、扣人心弦。学生阅读《战马》这样背景恢宏、情节曲折的文学作品，能够拓展视野，熏陶情感，发展思维。

第三，这是一部喜闻乐见的动物小说。在各类课外读物中，动物小说因其情节曲折动人、语言生动翔实、情感丰富细腻，颇受小学生欢迎和喜爱。《战马》就是这样一部喜闻乐见的文学作品。它将动物与人、动物与动物之间关于勇气、忠诚、和平与爱的传奇故事娓娓道来，不仅揭示了战争的罪恶，更颂扬了勇敢、忠诚、爱与信任等人性的光辉，整部作品充满了浓浓的诗意与温情，很容易吸引小学生。此外，国内“动物小说大王”沈石溪先生的系列丛书，往往令学生手不释卷。而《战马》同为动物小说，却与沈石溪动物小说的创作风格不同，学生在阅读沈石溪动物小说的基础上，阅读《战马》，丰富了对动物小说的认识。

全程指导

执教教师：刘乐

教学目标：

1. 激发学生阅读《战马》的期待，引导学生发现以战争为题材的“动物小说”的阅读视角。

2. 借助联想、猜测、联结、统整等阅读策略，引导学生关注环境、情节，感受小说中的动物及人物形象。

实施阶段：第一阶段（读前导读）

模块一：一部风靡全球的动物小说

活动资源

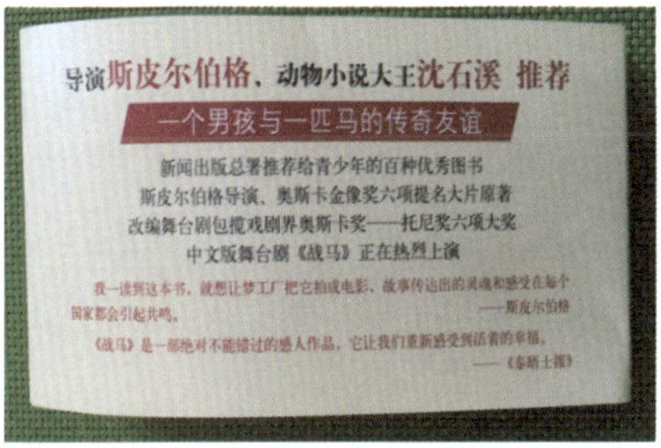

斯皮尔伯格

《大白鲨》
《侏罗纪公园》
《拯救大兵瑞恩》
《辛德勒的名单》
《夺宝奇兵5》
《丁丁历险记》
《外星人E.T.》
《太平洋战争》

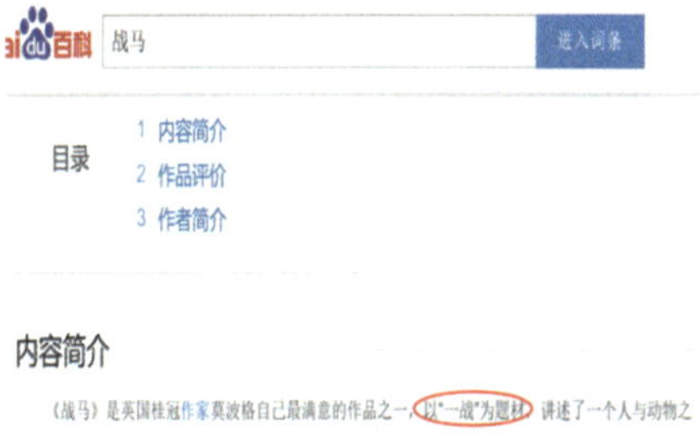

阅读随笔

实践平台

1. 多角度了解作品。

请你根据《战马》的腰封、封面及同名电影的相关信息，多角度地了解作品内容及影响力。

2. 走进战争题材的小说。

借助活动资料了解《战马》的创作背景是第一次世界大战。这场战争爆发于同盟国与协约国之间，是欧洲历史上破坏性最强的战争之一。大约有 6500 万人参战，1000 多万人丧生，2000 万人受伤。战争造成了严重的经济损失，给人类带来了深重灾难。小说中的乔伊就是“一战”中一匹来自英国的战马。

教师分享

《战马》是一部以战争为题材的动物小说，读这类小说的时候，需要我们适当了解一下和作品有关的背景资料。比如，可以利用搜索引擎，或是查阅相关资料等，这样可以帮助我们更好地走进作品。

模块二：一段感人至深的传奇友谊

活动资源

尼科尔斯

沃伦

弗里德里克

艾伯特

埃米莉和爷爷

阅读随笔

电影《战马》海报

上映时间：2011 年 12 月

导演：斯皮尔伯格

主演：杰瑞米·艾文、彼得·穆兰、艾米丽·沃森等

【节选一】第一章

两个脑袋出现在我的门前，其中一个是个小男孩。他仔细端详我半天，最后露出灿烂的笑容。“妈妈，”他认真地说，“这马肯定很棒、很勇敢。您看它抬头

的样子。妈妈，您看啊，它浑身都湿透了。我得给它擦擦。”

……

我走到门口，看着艾伯特和他妈妈离开，消失在夜色中。那时我就知道自己找到了永远的知己，还知道，在我和艾伯特之间，已经迅速地、本能地建立起一种爱与信任的纽带。老马佐依从隔壁的门探过头来，想和我蹭蹭鼻子，可我俩的鼻子就是碰不到一起。

【节选二】第二章

“你简直蠢透了。”

……

“乔伊，咱们只有一个星期，你得在这几天里学会犁地。我知道你是良种马，你可能觉得犁地的活儿根本不配让你干，可是现在你必须干这活儿。我和老马佐依，我俩会训练你；这活儿特别累——对你来说尤其累，因为你不是农用马，也还没有足够的力气干好这活儿。乔伊，这事完了你会对我有意见。可是我必须做。我爸爸说到做到，他是言出必行的人。他一旦下定决心，就没法改变。他会把你卖掉，甚至毙了你也不愿意赌输，这是毫无疑问的。”

【节选三】第二章

就是这个早上，一个马轭松松地套在了我的肩膀上。

……

随着我每天的进步，慢慢地，我们开始像一个团队了。艾伯特用鞭子的次数越来越少，而且又开始对我温柔地说话。一个星期后，我敢肯定自己已重新赢得了他的疼爱。

【节选四】第三章

我在农场的最后一个夏天，艾伯特逐渐开始骑着我去放羊，这一切都是慢慢发生的，我几乎都没怎么留意。老马佐依会跟在后面，我会时不时停下来，回头看看她是否还跟着我们。

……

他不和我说话的时候，就一直吹口哨或者唱歌，这让我很安心。

实践平台

1. 认识人物，猜测主人。

（1）认识书中的人物。

（2）猜测他们谁会是战马乔伊的主人？简单说出猜测的依据。

2. 共读艾伯特。

（1）读了小说第一章，能知道什么？有什么感受？

（2）节选中写道“他径直走过来，表情严肃地盯着我。”请你先猜测发生了什么？再读读节选二，印证猜测。

（3）阅读节选三，印证自己的想法和作品内容是否一样。

（4）阅读节选四，能体会到乔伊和艾伯特之间怎样的感情？

教师分享

《战马》是以一匹叫作乔伊的马的视角进行创作的小说，作者对乔伊的想法和做法进行了细致的描写，这些想法和做法就是它内心情感的真实写照。所以在阅读这类作品时，走进动物的内心世界是很重要的。这就需要我们既能抓住节选中乔伊的行为和想法，还要联结不同的片段，展开想象和猜测，这样一来，我们似乎就看到了乔伊的内心。读着它和艾伯特的故事，仿佛就走进了这匹马丰富的感情世界。这种方法对于我们阅读动物小说很有帮助。

活动资源

【节选一】第五章（尼科尔斯）

在上前线之前的几个星期内，我要从一匹农用马变成骑兵队的一员。这可不容易，因为我特别厌恶骑兵训练学校里的苛刻纪律，我也厌恶平原上长达几个

阅读随笔

小时又累又热的训练。

……

最初接受训练的那段时间里，我唯一的安慰就是尼科尔斯上尉每天晚上来马厩看我。

……

随着时光的流逝，我渐渐不再那么挂念农场生活、老马佐伊以及过去的日子。不过，尽管一成不变的训练生活正无形中把我变成一匹战马，艾伯特的言谈相貌依然刻在我的脑海里。

……

第二天我们依旧肩并肩地待在改装过的客轮的最里面，这艘客轮将带我们去法国打仗。

【节选二】第七章（沃伦）

第二天清晨，刚刚吹过起床号，我们正在饲料袋里翻找吃剩下的燕麦，这时，我看见杰米·司徒尔特上尉沿着马队大步朝我们走来，身后跟着个我从未见过的青年骑兵。

……

我的骑兵沃伦常常会和我谈谈战况。他说，我们要撤退，我们将在我们的地盘后面预先安营扎寨。

【节选三】第十章、十一章（埃米莉和爷爷）

给我印象最深的是那年夏天的夜晚。

……

她常常爬到池塘边的墙上，站在上面挥手，尽管我没法回头看，但我知道她会一直待在那里，看到我们和马车分开时，她会兴奋得双手紧紧扣在一起。

我和托普桑差不多每天都在池塘边的草坪上吃草。不过晚上依然很冷，偶尔还会降霜，我们的埃米莉总会在天黑前把我们接回去。她并不需要动手牵我们。她只需叫一声，我们就跟她走。

……

头一天我们在田地里干活儿的时间很长，埃米莉抱怨说，她爷爷让我们干太多活儿了。

【节选四】第十二章、十三章（弗里德里克）

每天晚上，我们挤在一起，蹄关节支撑在冰冷的泥地里，这条件要比我和托普桑在骑兵队度过的第一个冬天差远了。

……

和其他马一样，我每迈一步都会特别痛苦，尤其是前腿，膝盖以下的皮肤皴裂得很严重。

来年夏天，我们已经没有仗可打了。

……

“要是我必须死在离我家很远的地方，”一天，弗里德里克对托普桑说了他的心里话，“我愿意死在你身边。不过，我会努力保证咱们顺利渡过难关，平安回家——我就向你保证这么多。”

实践平台

1. 再识人物，猜测关系。

（1）认识书中的人物。

（2）猜测，谁会是乔伊的主人？简单说出猜测的依据。

2. 自主阅读，分享感受。

选择自己最感兴趣的人物，阅读他和乔伊之间的故事。

3. 联结情节，发现规律。

（1）将自己阅读的节选与别人分享的节选进行联结，有什么发现？

（2）推测，节选中出现的人物可能来自哪个国家？并说出推测的依据。

教师分享

节选中出现的一个又一个角色，其实都是乔伊的主人。虽然他们来自不同的国家，却都给予了乔伊关

阅读随笔

爱与呵护，他们和乔伊建立起的深厚友谊，感人至深。当我们把节选联结、统整在一起，就会发现“几易主人”正是这部小说的重要线索。所以，把握住乔伊和它每一位主人之间发生的故事，并把这些故事联结在一起，有助于我们走进战马的内心世界。

模块三：一段扣人心弦的影视片段

活动资源

【节选】第十五章

我记得那天是天快亮的时候，我正在啃吃他们尸体附近的青草。

……

黎明时分，山后的天空蒙蒙亮，空气中带着寒意，一辆坦克从山头开来。它是一个巨大的灰色怪物，轰隆隆地冲下山坡朝我开来，后面还喷出烟雾。

【电影片段】

	电影《战马》 上映时间：2011 年 12 月 导演：斯皮尔伯格 主演：杰瑞米·艾文、彼得·穆兰、艾米丽·沃森等 所用电影片段：01：48：10—01：52：00

实践平台

1. 离开故乡的乔伊，主人在变，生活环境在变，身体状况也在变。不变的是什么？

2. 阅读第十五章说的节选，能感受到乔伊怎样的心情？推测，接下来可能会发生什么？

3. 观看电影节选，简单谈谈感受。

4. 关于《战马》这本书，还有什么想知道的？

静心省思

其一，关照背景，读得多元一点。

与沈溪石先生的动物小说不同，《战马》是一部以战争为题材、背景恢宏的文学作品。它取材于“一战”，以战马为叙述视角，讲述了许许多多“一战”中不为人知的故事。如果只是以读故事的方式阅读这本书，可能读过之后留在心里的也只是故事而已。如果让学生透过一部文学作品，对一个重要的时代、一些重大的历史事件产生多元的认识与思考，那么这样的阅读实践或许更有价值。因此，在教学中，先从“战争”这个话题切入，请学生带着原有对战争的认知，开启阅读之旅。过程中，适当引导学生在阅读中学会关注时代背景，即“一战”的相关资料辅助阅读。这样一来，学生就能够将作品与其创作背景关联起来，学会结合特定的历史背景去阅读一部文学作品。比如，无论是在体会战马乔伊内心情感时，还是在感受乔伊与几任主人之间的友情时，学生始终能够结合战争这一背景去体会、去思考。孩子们发现，战争是残酷的，可是残酷却始终无法掩盖美好，比如善良的人性，渴望和平的愿望等。这份美好，超越了年龄，超越了国籍，更超越了战争本身。

其二，遵照手法，读得个性一点。

一部文学作品，仿佛是一位作家建构出的一个独特的世界。作家用他的情感、思想去描绘这个独特世界的样子，并且努力把它呈现给读者。所以，高质量的阅读行为不单单是能够读懂作家描绘的故事与场景。更重要的是能够遵循作家创作的手法，读懂一本书最精彩的地方，正所谓不同的书有不同的读法。所以，阅读不同的书也应该有不同的收获。《战马》这部作品以马的视角展开，记录战马乔伊的所见，所闻，

阅读随笔

所感。作品最为独特的手法就是乔伊几次更换主人，每一次更换主人，都会发生新的故事，产生新的感情，带来新的思考。故事之间有差异，有联系，有递进，更有相同。表现了作者对于战争的思考，对于美好情感的讴歌。但是，孩子在阅读的过程中，往往将关注点更多地置于乔伊和某一任主人之间的故事，他们更感兴趣战马和人之间发生了什么？而这一个又一个故事背后，到底传递出了怎样的感情？故事与故事之间又有着怎样密切的联系？这些是孩子自己阅读时很难发现和思考的。因此，在设计导读课时，我们尝试抓住这本书在写作手法上最为精妙的一个特点，也就是乔伊几次更换主人这条线索作为实施的一个突破。比如，在正式阅读之前，先让学生根据图片猜一猜作品中出现的一些人物，会和乔伊有什么样的关系。在共同阅读了乔伊与艾伯特之间的故事后，又请学生根据自己的兴趣，选择感兴趣的人物去读更多的故事。在交流时，学生既能够分享自己的阅读体验，也能够了解到他人的阅读内容与感受。这样一来就会发现，这部作品恰恰就是以描写乔伊与不同主人之间的故事来构思的。当学生将自己的阅读感受和体验与同学之间的阅读感受和体验关联对接时，就很容易发现不同的故事背后所传达出的动物与人之间的情感，甚至动物与动物之间的情感都是相似的。这恰恰就是作家透过这部小说，想要传递给我们的那份美好、真挚、感人的情感。这样的设计既尊重了孩子个体的阅读兴趣，关注了孩子个性的阅读思维，更使他们在阅读中不仅读了故事，更能够触摸作者的表达手法。从而初步了解到，阅读一本书时，如果能够遵循作者表达的手法，可以把书读得更深、更有思考。

其三，借助策略，读得主动一点。

整本书的阅读，其主要目的是为了激发学生的阅读兴趣，让他们有主动打开一本书阅读的欲望。这种兴趣的激发与调动，不能单单凭借老师的推荐、鼓励或者渲染，也不能仅仅依靠一些节选的阅读，而要以一些与作品写作思路、阅读方式相匹配、相贴合的阅读策略做支撑，让学生不仅愿意读，还要会读。所以，阅读策略的有效运用，能更好地激发阅读兴趣，打开阅读视角。面对一部作品时，又该选用怎样的阅读策略引导学生展开阅读呢？我们不妨从作品本身的特点出发进行思考。战马以乔伊在战场上几次更换主人为线索推进整部作品的发展。阅读这样一部作品时，读者的兴趣点很容易就会聚焦在乔伊更换的主人是谁？为什么会遇到这样一位主人，又和主人发生了什么样的故事呢，这是读者在阅读过程中会情不自禁想要猜测和推测的。因此，在本次导读课上，我们就尝试引导学生运用猜测推测的方法来展开阅读。比如阅读前请学生根据图片猜测主人。这就是潜移默化请学生将阅读的关注点聚焦在小说的人物之上。接下来，在学生共同阅读第一章的内容时，引导学生根据给出的节选来猜测后面情节的发展。这有助于学生体会动物小说所传递出的人与动物之间的情感。在学生共同阅读了乔伊与某一个人物之间的故事后。再大胆猜测它还会与谁发生什么样的故事。就在这样的猜测过程中，学生会不断触摸整部作品的构思。同时。因为想要了解人与动物之间究竟发生了什么样的故事，他们在猜测的过程中，就会情不自禁地对故事的发展进行推测。学生就在这样的策略运用中激发起了阅读的兴趣，他们想要快点了解故事还会怎样发生和发展，会有着怎样的结局。这比教师主观推荐和引读更有意义，也更能调动起学生主动阅读的兴趣。

再比如，面对这样一部外国儿童文学作品，其中的人物众多，地点场景又在不断地转换，学生阅读起来会觉得复杂混乱，有一定的困难。阅读过程中，我们就与学生边读边绘制思维导图，用可视化策略将人物、地点、重要事件梳理出来。于是，一张作品内部结构网呈现在学生眼前，这部作品的整体架构便在他们的头脑中清晰起来。

阅读随笔

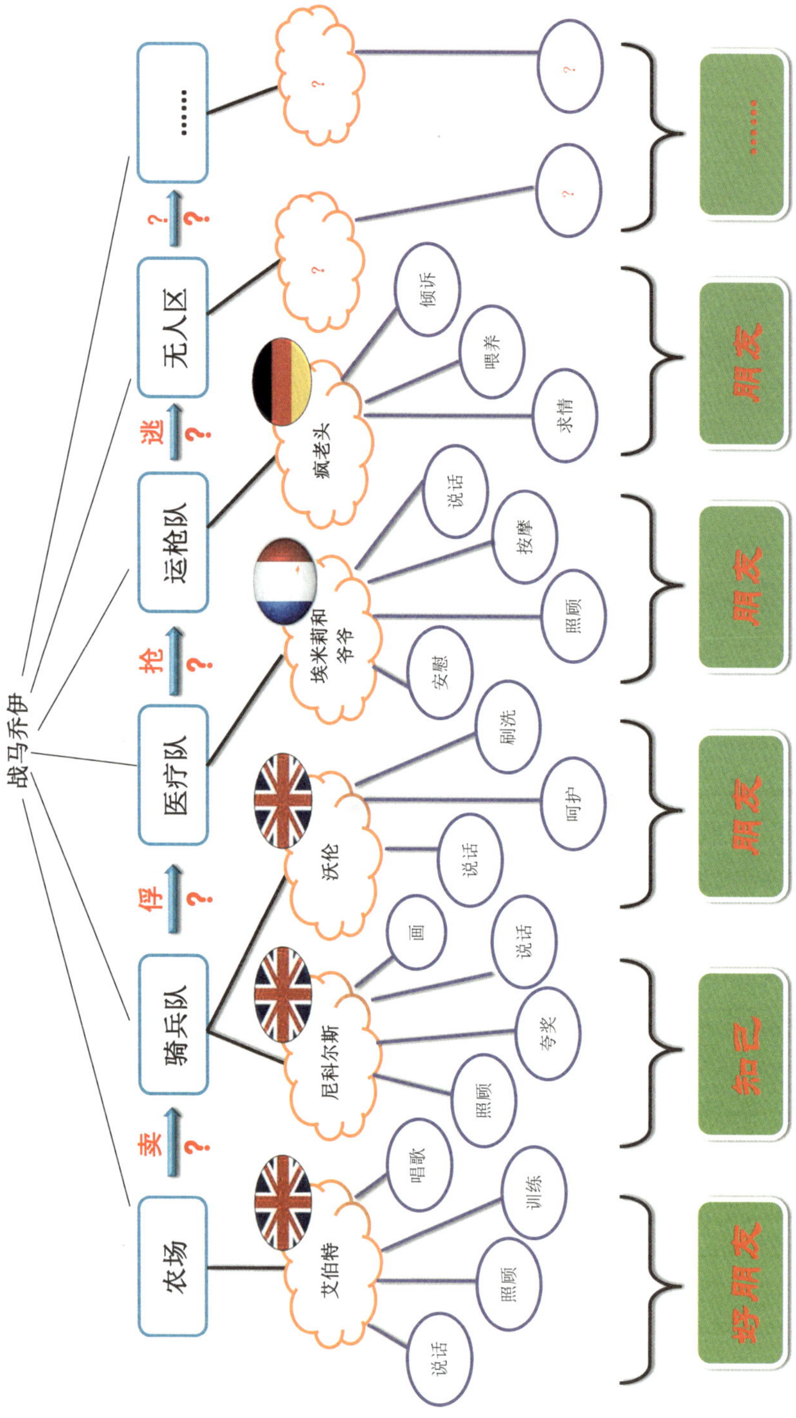
战马乔伊
农场
卖
？
骑兵队
俘
？
医疗队
抢
？
运枪队
逃
？
无人区
？
？
……
艾伯特
说话
照顾
训练
唱歌
尼科尔斯
照顾
夸奖
说话
画
沃伦
说话
呵护
刷洗
埃米莉和爷爷
安慰
照顾
按摩
说话
疯老头
求情
喂养
倾诉
？
？
？
？
好朋友
知己
朋友
朋友
朋友
……

（九）科幻小说——科学的预见与广博的知识

推荐版本

作者：	儒勒·凡尔纳
出版社：	吉林出版集团有限责任公司
出版时间：	2010 年 7 月

阅读随笔

内容梗概

《海底两万里》是法国作家儒勒·凡尔纳创作的长篇小说，是“凡尔纳三部曲”（另两部为《格兰特船长的儿女》和《神秘岛》）的第二部。此书主要讲述鹦鹉螺号潜艇的故事。1866 年，海上发现了一只疑似独角鲸的大怪物，阿龙纳斯教授及仆人康塞尔受邀参加追捕。在追捕过程中，他们与鱼叉手尼德·兰不幸落水，到了怪物的脊背上。他们发现这怪物并非什么独角鲸，而是一艘构造奇妙的潜艇。潜艇是尼摩在大洋中的一座荒岛上秘密建造的，船身坚固，利用海水发电。尼摩船长邀请阿龙纳斯做海底旅行。他们从太平洋出发，经过珊瑚岛、印度洋、红海、地中海、大西洋，看到海中许多罕见的动植物和奇异景象。途中还经历了搁浅、土著围攻、同鲨鱼搏斗、冰山封路、章鱼袭击等许多险情。最后，当潜艇到达挪威海岸时，三人不辞而别，回到了他的家乡。

作者简介

儒勒·凡尔纳，19 世纪法国著名小说家、剧作家及诗人，现代科幻小说的重要开创者之一，被誉为“科幻小说之父”。1863 年因长篇小说《气球上的五星期》而一举成名，此后开始从事写作，其一生创作了大量优秀的文学作品，代表作为凡尔纳三部曲和《气球上的五星期》《八十天环游地球》等。

推荐理由

《海底两万里》是儒勒·凡尔纳的巅峰之作。这是一部科幻小说，科学性是它的一大特征。故事中描写的潜艇起名为“鹦鹉螺”，而鹦鹉螺正是以自身薄薄的几毫米螺壳而承受下潜到百米深海后所面临的巨大水压的螺壳动物。这一细节充分表现了凡尔纳广博的科学知识。这部作品展现了凡尔纳丰富多彩的想象和缜密细腻的行文特点。小说中情节设置古怪离奇，生动形象地描绘了充满神秘色彩的海底世界；语言生动有趣，既是艺术的语言，又是科学的语言，对各种海底事物的说明入木三分，惟妙惟肖。学生阅读这部作品，会激起孩子对科幻作品的阅读兴趣，调动想象，丰富知识，开阔阅读视野。

全程指导

执教教师：赵君

教学目标：

1. 激发学生阅读《海底两万里》的兴趣，点燃阅读科幻小说的期待。

2. 学生通过联结资料，想象画面等方法，感受到作品中蕴藏着丰富的科学知识，描绘出奇特的科幻世界。

3. 激发学生热爱科学、探索世界的情感。

实施阶段：第一阶段（读前导读）

模块一：纸上航行会看图

活动资源

目录

阅读随笔

实践平台

1. 对于《海底两万里》这本书，有什么了解，进行交流。

2. 浏览目录，用波浪线把目录中提到的地名画出来，再看看从中有什么发现。

教师分享

通过浏览目录，我们能大致了解整本书的故事内容。同学们看看在目录中标画出的地名，一定能发现这是主人公们海底两万里航行时所到达的部分地点。航行两万里，到底走了多远呢？都经过了哪些地方呢？我们可以把这些地名在地图上标画出来，在图上跟着尼摩船长一起进行海底两万里的航程。

活动资源

【节选一】

在客厅里，船长将此时的方位记在了地图上，并根据刚刚观测到的对计算进行了调整。然后他对我说：

“阿龙纳斯先生，我们现在位于西经 137°15′……”

“你计算的时候是以哪种子午线为准的？”我急忙问他，想从他的回答中了解他的国籍。

“先生，”他回答我说，“我有各种不同的经线仪，有的以巴黎的子午线为准，有的以格林尼治的子午线为准，有的以华盛顿的子午线为准。但是为了表示对您的敬意，从今以后我打算以巴黎的子午线为准。”

这样的回答并没有让我得到我想要的答案，我只能点头表示谢意。

船长接着说：“我们在巴黎子午线西经 137°15′、北纬 37°7′，距离日本海岸约三百海里处。今天是 11 月 8 日，此时是中午，我们的海底探险旅行正式开始。”

【节选二】

第一部　第十九章　万尼科罗群岛　第二自然段

实践平台

1. 这次奇妙航行的起点在哪里呢？阅读“节选一”，在地图上用“●”将起点标画出来吧。

2. 标画完成的同学交流自己是怎样读懂世界地图的。

3. 阅读“节选二”，快速到达万尼科罗群岛。

4. 两万里的航程中，尼摩船长一行人到达了很多地方，如果你能把他们的航行线路画在地图上，将会有一个重大的发现。

教师分享

同学们互相研究探讨，怎样利用好世界地图，在上面标画出海底两万里航行的起点。请同学先确定好四个方向；图上的横线是纬线，竖线是经线；可以以中国为参照，找到日本海的大致位置，估算出起点的位置。

模块二：海底幻境藏知识

活动资源

第一部　第二十二章《尼摩船长的雷》

第二部　第五章《阿拉伯海底地道》；

　　　　第十八章《章鱼》

【资料一】巨型章鱼

巨型章鱼并非是大王乌贼（巨型乌贼），因为章鱼是八腕目里的无须亚目，所有乌贼包括大王乌贼都是枪形目里的开眼亚目，最直观的，乌贼有八条短腕，两条长腕共十条腕，而章鱼只有八腕。太平洋巨型章鱼是体型最大的巨型章鱼，寿命长。世界上最大的章鱼记录保持者，是一只周长 9.1 米，重达 272 公斤的太平洋巨型章鱼。

传说中，无数可怕的怪物守卫着深渊，这些怪物有着血盆大口，无比锋利的犬牙，一口就能将人咬得

阅读随笔

粉碎。这些怪物有着令人厌恶的身躯，有着可怕的脊骨，“大嘴张开，双目圆瞪，眉头紧锁，随时准备实施攻击”。1896 年年底，在圣·奥古斯丁海滩，两位正在玩耍的男孩发现了一个巨大的白色生物体。它有 21 英尺长，7 英尺宽，重达 7 吨；而且肉体非常有弹性。当地的医生、动植物学家、摄影师和新闻记者都确认了该生物体：有头，有眼睛，有嘴，有触须和尾巴。当时最有名的头足类动物（乌贼等）专家、耶鲁大学的阿狄森博士，断定它是一种未知巨型章鱼的尸体，并且给了它一个“科学”名称——“巨型章鱼”。他在有关书中写道：“巨型章鱼活着的时候，有着令人恐惧的臂，每条臂至少有一百英尺长，有一艘大船的桅杆那么厚。它有着数以百计的碟状吸盘，最大吸盘的直径至少是一英尺。”而普通章鱼的两臂伸直最长记录不过 20 英尺。

【资料二】儒艮

儒艮，嘴吻向下弯曲，其前端成为一个长有短密刚毛的吻盘。鼻孔位于吻端背面，具活瓣。尾叶水平位，其后缘中央有一缺刻。浆状的鳍肢无指甲。无鼻骨；前颌骨显著扩大并急剧地下弯，下颌骨联合部相应地延长并急剧地下弯。每侧上、下颌各有 3 枚前臼齿和 3 枚臼齿。

主要分布于西太平洋及印度洋，喜水质良好并有丰沛水生植物之海域，定时浮出海面换气。因雌性儒艮偶有怀抱幼崽于水面哺乳之习惯，故儒艮常被误认为“美人鱼”。自四千年前起，人类便开始对儒艮的捕杀，食肉榨油，骨可雕物，皮可制革，迄今儒艮数量已极为稀少。

（注：资料由老师暂时保管，当学生在阅读中产生好奇时，再发给相关学生。）

实践平台

1. 翻开《海底两万里》这本书，可以选择读一章老师推荐的章节，也可以从第十章开始，选择一章阅读。

2. 阅读后交流：海底的哪些奇幻景象令你印象深刻？

3. 阅读中有哪些内容读不懂，但是又充满好奇，可以阅读补充资料，帮助阅读。

教师分享

同学们一定发现在这本书中描绘了奇妙的、罕见的海底世界，我们乘坐着文字的航船见到了海底的奇异景象，遭遇了一个个奇怪的生物。海底有珊瑚丛的瑰丽，也有巨型章鱼的惊险，连一个小小的海螺都藏着不为人知的知识。

希望同学们能读完这本书，展开海底历险。自己感兴趣的，不明白的地方可以向百科书籍、互联网络寻求帮助，你还能读到更加新奇的故事，增长更多的知识。

阅读随笔

模块三：自主探秘“两万里”

实践平台

1. 绘一绘：补全航海线路图，看看有什么发现。

2. 画一画：感兴趣的海洋动物，把它介绍给大家。

3. 写一写：“航海笔记”，把你的收获、感想记录下来。

实施阶段：第二阶段（读中推进）

模块一：航线里的玄机

活动资源

挑选学生绘制的海底历险航线图进行展示

实践平台

1. 结合绘制的海底历险航线图，交流在标画航线时的困难是什么，是怎么解决的？

2. 观察你绘制的航线，交流你的发现。

教师分享

同学们在绘制航海线路图时，一定增长了不少地理知识。从航线中，我们发现主人公们乘坐潜水艇，从太平洋出发，途经印度洋、红海、地中海、大西洋，一直到达南极，再一路向北纵贯地球，最终到达北冰洋，海底航行两万里。这是一条从东到西，由南向北的航行路线。

实践平台

1. 老师在航线上标出尼摩船长一行人的奇特经历，请同学补充。

2. 看图回忆海底航行的历险，交流发现与感受。

教师分享

海底两万里的航行中有惊险刺激的打斗，有情况危急的困境，也有美丽神奇的景象，这些情节穿插叙述，把航行变成一首乐章，有激烈有舒缓，读起来充满节奏感。

模块二：奇景中的知识

活动资源

挑选学生绘制的海洋生物进行展示。

实践平台

1. 准备出绘制的海洋生物图，遇到同一动物的同学结成小组。

2. 互相欣赏图画，找一找有没有画得不一样的地方，互相交流。共享这种海洋动物的知识。

教师分享

《海底两万里》就像一本海洋生物的百科全书，带着我们认识了丰富奇特的动植物。作者凡尔纳并没有将这些海洋知识像百科全书那样罗列出来，而是通过精彩的描写，把读者带进奇幻景象里，仿佛身临其境。请大家读读这段节选：

色彩斑斓变化的叉形虫；离群索居的角形虫；颜色纯正的复眼珊瑚；长得像蘑菇是的菌生虫；用吸盘附在地上的银莲花；有星星点点散布在沙滩上的海星；有瘤状的天星菌菇，就像仙女绣的精美花边，在我们走路时所激起的微波中荡漾。

作者在介绍各种海底生物的同时，用优美的语言写出了它们的千姿百态，这样的描写还有很多，同学们可以在书中找一找，感受海底奇景。

模块三：幻想中的科学

实践平台

1. 带着我们潜入深海进行探索的那艘船是什么样的呢？畅谈你对鹦鹉螺号的了解。有什么发现？

2. 创造出这艘鹦鹉螺号潜水艇的人是谁呢？

活动资源

儒勒·凡尔纳，法国人，19 世纪杰出的科幻小说和冒险小说作家，被誉为“现代科学幻想小说之父”。凡尔纳一生创作了大量优秀的文学作品，代表作为三部曲《格兰特船长的儿女》《海底两万里》《神秘岛》《气球上的五星期》《地心游记》等。凡尔纳对于科学的态度是严肃认真的，他尽可能把自己的想象建立在科学的基础上，正是基于此，他的科学幻想就是科学的预言。

教师分享

创造鹦鹉螺号的是尼摩船长，更是这部书的作者

阅读随笔

儒勒·凡尔纳。他在书中描绘的鹦鹉螺号在18世纪的欧洲就是一个不可思议的幻想，但是随着科技的发展已经制造出了能够长期航行，设备齐全的潜水艇。现代潜水艇的很多设计甚至都在参考凡尔纳幻想出的鹦鹉螺号。听了这些，你有什么感受？

凡尔纳的科幻小说中有丰富的自然科学知识，有令人惊叹的科学预言，希望同学们能继续阅读《海底两万里》，阅读更多的凡尔纳科幻作品，感受充满预见性的科学幻想吧！

静心省思

《海底两万里》是科幻小说的代表作。凡尔纳的作品，其中不仅有幻想，还有丰富的科学知识，是一本“百科全书”。书中不仅有曲折的航海经历，更有丰富的海洋知识，地理知识，乃至历史知识。在本书的全程指导中，我们提出“全阅读”的想法。即用一本书，打开孩子的全科阅读的视角，丰富学生的地理、海洋、生物等方面的知识，架构起一张知识网。因此，在指导中，教师鼓励学生绘制航海路线，学习使用世界地图，画出海洋生物，搜集资料了解海底世界等。这些阅读实践活动，保障了“全阅读”目标的落实。

拓展阅读

《八十天环游地球》

《神秘岛》

《十五岁的小船长》

（十）侦探小说——在蛛丝马迹中推理

推荐版本

	作者：柯南·道尔
	出版社：群众出版社
	出版时间：2014 年 9 月

阅读随笔

内容梗概

福尔摩斯是由 19 世纪末的英国侦探小说家阿瑟·柯南·道尔塑造的一个才华横溢的侦探。福尔摩斯称自己是一名“咨询侦探”，也就是说当其他私人或官方侦探遇到困难时常常向他求救。大部分故事都集中讲述一些比较困难、需要福尔摩斯出面调查的案子。福尔摩斯善于通过观察与演绎法来解决问题。

柯南·道尔一共写了 4 篇长篇、56 篇短篇的福尔摩斯系列小说。最早写的两篇分别是《血字的研究》，以及《四签名》。一系列短篇小说连载，共包括《冒险史》《回忆录》，以及后来才写出的续集《归来记》《最后致意》《新探案》等。故事发生的年代大约集中在 1875~1907 年。而他所写的《最后一案》发生在 1914 年。

作者简介

阿瑟·柯南·道尔，英国小说家，因塑造了成功的侦探人物——夏洛克·福尔摩斯而成为侦探小说历史上最重要的作家之一。他一生一共写了 56 篇短篇侦探小说以及 4 部长篇侦探小说，全部以福尔摩斯为主角。

柯南·道尔对侦探小说的贡献是巨大的，其小说的故事结构、推理手法和奇巧的构思都给该类题材的小说树立了范本，他是当之无愧的文学大师，他将侦探小说推向了一个崭新的时代。

推荐理由

《福尔摩斯探案全集》被称为侦探小说中的“圣经”，一百多年来被译成 57 种文字，畅销世界各地。福尔摩斯更是成了名侦探的代名词，他与华生的搭档组合，以及“神探”的典型等，都对后世的侦探小说有着极其深远的影响。英国著名小说家毛姆曾说：“和柯南·道尔所写的《福尔摩斯探案全集》相比，没有任何侦探小说曾享有那么大的声誉。”

福尔摩斯这个人物刻画得栩栩如生。他机智、勇敢、极富正义感，破起案来精力过人，特别擅长缜密的逻辑推理法。无论案子多么复杂，只要他叼起烟斗、转动脑筋，所有的疑难问题都会迎刃而解。福尔摩斯探案系列，情节曲折离奇，结构严密完整，故事一波三折，扣人心弦，让人读来有如身临其境，爱不释手。

学生阅读《福尔摩斯探案全集》这样的侦探小说时，结合情节中透露出的蛛丝马迹，借助预测、推论的阅读策略，对案件进行推理，不仅阅读兴趣盎然，学生的逻辑思维能力也会得到锻炼与提高。

全程指导

执教教师：范继强

教学目标：

1. 激发学生阅读《福尔摩斯探案全集》的兴趣，关注阅读侦探类小说的阅读视角。

2. 培养学生依据文本信息进行推理的思维方式，提高学生的思维力。

实施阶段：第一阶段（读前导读）

模块一：观看图片，推测书目

活动资源

阅读随笔

实践平台

学生根据图画线索进行推测要阅读的书目，并说明理由。

教师分享

烟斗、放大镜都是和大侦探福尔摩斯有着密切关系的物品，同时，它们也有着各自的含义，或是时代的象征。通过烟斗图，有些学生可能会想到故事发生在18、19世纪的英国。看到放大镜，有的学生可能会猜想，这本书和细心观察有关，也有的学生可能会猜测今天阅读的书目就是探案小说《福尔摩斯探案全集》。当名侦探柯南的图片出现在他们的眼前时，他们更加肯定要阅读的书，就是《福尔摩斯探案全集》。

模块二：寻找疑点，进行推理

活动资源

【节选一】《红发会》委托人当铺商人杰贝兹·威尔逊的叙述

唔，歇洛克－福尔摩斯先生，就是我刚才对你说的，”杰贝兹一面用手拭他的前额一面说，“我在市区附近的萨克斯－科伯格广场开了个小当铺。过去还有能力雇用两个伙计，但是，现在只雇一个。就这一伙计我也雇不起啊，如果不是他为学会做这个买卖自愿只拿一半工资的话。他名叫文森特－斯波尔丁。福尔摩斯先生，我这个伙计真精明强干。我很清楚，他本来可以生活得更好些，赚比我付给他多一倍的工资。可是，不管怎么讲，既然他很满意，我又何必要劝他多长几个心眼呢？

……

是的，先生。就是今天上午结束的。我照常十点钟去上班，但是门关着而且上了锁，在门的嵌板中间用品头钉钉着一张方形小卡片。上面这样写着：

红发会业经解散，此启。一八九〇年十月九日

【节选二】福尔摩斯的推理

我想到这个伙计喜欢照相，想到他经常出没于地下室这个诡计。地下室！这就找到了这个错综复杂的案件的线索。然后，我调查了这个神秘的伙计的情况。我发现，我的对手是伦敦头脑最冷静、胆子最大的罪犯之一，他在地下室里搞了名堂，而且要连续几个月每天干许多小时才行。那再问一下，可能搞什么呢？我想除了挖一条通往其他楼房的地道以外，不可能是其他什么东西。

当我们去察看作案地点时，我心里就明白了。然后我按门铃，正如我所希望的，是那伙计出来开门。我几乎没看他的脸，我想要看的是他的膝盖。你自己也一定觉察到，他的裤子膝部那个地方是多么破旧、皱褶和肮脏。这些情况说明，他花了多少时间去挖地道。这样唯一未解决的问题是，他们为什么挖地道？于是，我在那拐角周围巡视一番，我看到原来那城市与郊区银行和我们的朋友的房子紧挨着。我觉得他们的目标就是这家银行里的黄金，结果如何，你已经看到了。

实践平台

1. 阅读委托人的叙述，从中画出可疑的地方，然后全班进行交流。

2. 梳理、综合找到的可疑点进行案件推理。

教师分享

《红发会》是《福尔摩斯探案全集》中十分著名的一篇。学生们熟识的《名侦探柯南》中，有一集的内容就涉及这篇短篇小说。犯案者的犯罪手法也与《红发会》有着异曲同工之处。这篇小说委托人的叙述完整，大侦探福尔摩斯的推理依据就主要来自委托人的叙述。透过阅读委托人叙述的内容，发现疑点，进一步将学生们所发现的疑点进行总结归纳、交流分享，同时以思维导图的形式在板书上进行呈现。之后学生依据这些疑点，进行案件的推理。

思维导图如下：

模块三：观察行为，发现线索

活动资源

【节选一】《血字的研究》中伦敦警察厅的信

亲爱的福尔摩斯先生：

昨夜，在布瑞克斯顿路的尽头，劳瑞斯顿花园街

阅读随笔

发生了一件凶杀案。今晨两点钟左右，巡逻警察忽见该处有灯光，因该房无人居住，所以怀疑出了什么事。该巡警发现房门大开，前室空无一物，里面有男尸一具。该尸衣着齐整，袋中装有名片，上有“伊瑙克·J. 锥伯，美国俄亥俄州克利夫兰城人”等字样。既无被抢劫迹象，也未发现任何能说明致死原因的证据。屋中虽有几处血迹，但死者身上并无伤痕。死者如何进入空屋，我们百思莫解，对此案束手无策。斗胆请你在十二点前去一趟现场，我将在此恭候。你来前，现场一切将保持原状。如果不能来，我将给你汇报详细情况。如能给我指点一二，不胜感激。

特白厄斯·葛莱森上

【节选二】《血字的研究》中福尔摩斯的行为

“正是。停下，车夫，快停车！”我们离那所房子还有一百码左右，他就坚持要下车，剩下的一段路，我们就步行。

……

他说着，很快地就从口袋里拿出一个卷尺和一个很大的圆形放大镜。他拿着这两样工具，在屋里默默地走来走去，有时站住，有时跪下，有一次竟趴在地上了。他全神贯注地工作着，似乎把我们全都忘掉了；他一直在自言自语地低声咕嘀着，一会儿惊呼，一会儿叹息，有时吹起口哨，有时又像充满希望、受到鼓舞似的小声叫了起来。我在一旁观察他的时候，不禁想起了训练有素的纯种猎犬，在丛林中跑来跑去，狺狺吠叫，一直到它嗅出猎物的踪迹才肯甘休的样子。他一直检查了二十分钟，小心翼翼地测量了一些痕迹之间的距离；这些痕迹，我是一点也看不出来的。偶尔他也令人不可思议地用卷尺测量墙壁。后来他非常小心地从地板上什么地方捏起一小撮灰色尘土，并且把它放在一个信封里。接着，他用放大镜检查了墙壁上的血字，非常仔细地观察了每个字母。最后，他似乎很满意了，于是就把卷尺和放大镜装进衣袋中去。

实践平台

1. 依据福尔摩斯的行为进行推理，推测出关于案件的线索。

2. 根据掉落的戒指，推测福尔摩斯接下来会怎样做。

教师分享

在阅读福尔摩斯这样的侦探小说时，不断地思考、推理，会让我们的阅读更快乐！

实施阶段：第二阶段（读中推进）

模块一：小小神探显神通

实践平台

同学交流：说出自己阅读的案件，以及自己在阅读中找到了哪些线索，并做出了哪些推理。又有哪些推理和福尔摩斯的推理一致。

教师分享

推理小说之所以有趣，是因为在阅读的同时，我们也和侦探一起透过那些蛛丝马迹去发现案件的真相。在阅读中，当侦探的推理和我们一致时，我们不免雀跃不已。当结果和我们推理的不一样时，我们不禁会返回头来查看那些我们遗漏的线索，然后恍然大悟，对侦探佩服得五体投地。

模块二：影视中的大侦探

实践平台

1984年上映的《福尔摩斯探案全集》被评价为目前对福尔摩斯最完整的演绎。它也是公认最准确和纯正的。那么，杰瑞米·布雷特饰演的福尔摩斯，和你心目中大侦探的形象一样吗？和老师同学交流一下你的想法。

模块三：我眼中的大侦探

实践平台

福尔摩斯是很多侦探迷心目中的偶像。一个烟斗、

阅读随笔

一个放大镜……你一定也在心中描绘出了福尔摩斯的样子。你眼中的大侦探究竟是什么样子的呢？就请你将你心中的福尔摩斯画下来吧！

静心省思

侦探小说读什么才能读出其中的奥秘？侦探小说怎么读，才能读出其中的乐趣？侦探小说最大的魅力就在于“侦探”二字。侦查、探究、追踪，要在蛛丝马迹中推理案情，追查线索，寻求真相。《福尔摩斯探案全集》正是一部推理小说的巅峰之作。福尔摩斯就像一个魔术师，凭借着漫不经心的一瞥搜集到的证据，以及缜密的推理，用简洁又不失幽默的语言为我们拨开那层层迷雾，使真相显露出来。

学生阅读这样的小说，就需要顺着这类小说的特色进行阅读，运用预测、推论等策略，以文本为线索展开逻辑推理。在阅读中，学生不仅体验到阅读的快乐，观察力、思维力也会得到提高。以阅读《红发会》一文为例。这篇小说有大段的委托人描述。教师在阅读指导时，就可以鼓励学生和福尔摩斯一起找出委托人描述中的疑点，并由此做出案情推理。我们从委托人的描述里发现了不少的疑点，“对雇员的特殊要求”“工薪的不合理”“工作条件”“工作内容”等。学生发现疑点的过程，其实就是他们边读边预测、推理的过程。

在阅读指导中，教师也可以尝试引导学生从不同方面展开推理：

1. 从委托人的叙述中发现可疑之处，对案件的幕后真相进行推理。

有些案件，会有大段的委托人的描述，这样的文章，就适合让学生在阅读中寻找可疑之处，进而对案件做出推理。例如《红发会》一文就是如此。

2. 抓住侦探的种种行为，由此进行推理。

在《福尔摩斯探案全集》一书中，很多案件，对于福尔摩斯探案时的行为都有较为具体的描写。也正是他的这些看似奇怪的行为，在后续揭露真相时让我们恍然大悟：原来当时福尔摩斯是在查看某些线索啊！所以，在指导学生进行阅读时，可以引导他们关注侦探的行为，并进行推想：侦探的行为可能会使他发现什么线索。他为什么会有这些行为。

3. 从情节上进行推理，推测侦探接下来会做出怎样的行为。

除了可以从委托人的叙述、侦探的行为这两方面进行推理外，教师还可以引导学生从故事的情节角度进行推理，结合当前的故事进展，人物的特性，去推想侦探接下来的行为，预测故事接下来的发展。例如《血字的研究》一文。当阅读到众人在现场发现了凶手遗失的戒指后，我们可以引导学生去预测：福尔摩斯接下来会利用这戒指做些什么。

综上，学生阅读《福尔摩斯探案全集》这部作品时，教师可以借此培养孩子边阅读边思考的能力。学生也会在不停的思考与推理中，更深刻地感受到阅读侦探小说的乐趣。

阅读随笔

（十一）科普类——探索大自然的奥秘

推荐版本

	作者：维塔利·瓦连季诺维奇·比安基
	出版社：人民邮电出版社
	出版时间：2014 年 4 月

内容梗概

著名科普作家维塔利·瓦连季诺维奇·比安基的代表作《森林报》，是一部描写大自然的经典儿童科普读物；是一部儿童百科全书；是一部让我们回归大自然、培养科学爱好、增强环保及维持生态平衡意识的绝佳课外读物！

在《森林报•春》中，作者以善于描写动植物生活的才能，用拟人化的语言、充满童趣的口吻，以通讯消息的新闻体裁，向我们讲述了春天森林里动植物的变化，把动植物的生活描写的栩栩如生、引人入胜！

作者简介

维塔利·瓦连季诺维奇·比安基，前苏联著名儿童文学作家。他生于彼得堡一个生物学家的家庭。他的父亲是一位生物学家，他家里养着许多飞禽走兽。受父亲及这些终日为伴的动物朋友的影响，比安基从小就热爱大自然，他从小受家庭的熏陶，对大自然的奥秘产生了浓厚的兴趣，有一种探索其奥秘的强烈愿望。他后来报考并升入彼得堡大学物理数学系，学习自然专业，与家庭的影响是有关的。在科学考察、旅行、狩猎及与护林员、老猎人的交往中，他留心观察和研究自然界的各种生物，积累了很多的素材，为以后的文学创作打下了坚实的基础，也使笔下的生灵栩栩如生，形象逼真动人。有“发现森林第一人”“森林哑语翻译者”的美誉。

推荐理由

《森林报·春》是一部比故事书更有趣的科普读物，一部关于大自然四季变化的百科全书。著者以其擅长描写动植物生活的艺术才能，用轻快的笔调、采用报刊形式，按春、夏、秋、冬四季12个月，有层次、有类别地报道森林中的新闻，森林中愉快的节日和可悲的事件，森林中的英雄和强盗，将动植物的生活表现得栩栩如生，引人入胜。著者还告诉了孩子们应如何去观察大自然，研究大自然。

当今，我们对于大自然已经越来越陌生，缺乏最基本的认识，这部《森林报》会让居住在钢筋水泥森林中的我们重新认识、反省自己。仔细品读，能够让你感受到森林中的动植物在一年四季中五彩缤纷的生活，深入地探寻大自然的无穷奥秘，体验春的快乐，夏的蓬勃，秋的多彩，冬的忧伤……更会令我们懂得需要尽心尽力地保护大自然。让我们一起走入春天，去探寻大自然中无穷的奥秘吧！

全程指导

执教教师：赵军

教学目标：

1. 初步了解《森林报·春》，在阅读中感受科普类读物的特点，激发学生探索大自然的兴趣。

2. 引导学生在阅读科普类作品时学会边读边提问题，边读边思考，读出其中的乐趣。

阅读随笔

实施阶段：第一阶段（读前导读）

模块一：初识《森林报》

活动资源

1. 谜语：两只耳朵长又尖，短短尾巴翘后边，两只眼睛像玛瑙，一张嘴巴分三片。（兔子）

2. “冬眠初醒月”——打靶场（节选与兔子有关的问题）

（1）小兔子刚生下的时候，是闭着眼还是睁着眼？

（2）什么时候最容易看到野白兔？

（3）兔子把这棵树中部的树皮啃光了。兔子为什么没有啃坏挨近树根的树干下部？又是怎么爬到这么高的地方来啃树皮的呢？

实践平台

1. 出示谜语，猜一猜这是什么动物？

2. 关于兔子这种动物你还有哪些了解？

3. 出示“冬眠初醒月”——打靶场（节选），这些关于兔子的问题你们知道吗？

教师分享

《森林报·春》是一部比故事书更有趣的科普读物，一部关于大自然四季变化的百科全书。这本书向我们讲述了春天森林里动植物的变化，把动植物的生活描写得栩栩如生、引人入胜。让我们一起走进春天，去探寻大自然中无穷的奥秘吧！

模块二：了解编排体例，初步尝试自主提出问题并解答

活动资源

1.《森林报·春》的图书封面

阅读随笔

2.【节选】《森林年》

我们的《森林报》刊载了每年的森林历。它跟普通的历书不一样——这并不奇怪。

因为，鸟兽的一切，跟我们人类当然不一样了！森林里所有的生物都是靠着太阳过日子的，所以，它们有它们特别的历书。

太阳在天上转一圈，就是一年。太阳每走过一个星座，走过黄道带的一宫，就是一个月。黄道带就是这 12 个星座的总称。

我们按照普通历书，把森林历上的一年也分为 12 个月。我们还根据森林里的具体情况，给每个月份重新起了名字。

每年的森林历

月份

1 月——冬眠初醒月（春季第一个月），

3 月 21 日至 4 月 20 日太阳进入白羊宫

2 月——候鸟回乡月（春季第二个月），

4 月 21 日至 5 月 20 日太阳进入金牛宫

3 月——唱歌舞蹈月（春季第三个月），

5 月 21 日至 6 月 20 日太阳进入双子宫

4 月——鸟儿做窠月（夏季第一个月），

6 月 21 日至 7 月 20 日太阳进入巨蟹宫

5 月——雏鸟出世月（夏季第二个月），

7 月 21 日至 8 月 20 日太阳进入狮子宫
6 月——结队飞行月（夏季第三个月），
8 月 21 日至 9 月 20 日太阳进入室女宫
7 月——候鸟离乡月（秋季第一个月），
9 月 21 日至 10 月 20 日太阳进入天平宫
8 月——储备粮食月（秋季第二个月），
10 月 21 日至 11 月 20 日太阳进入天蝎宫
9 月——冬客临门月（秋季第三个月），
11 月 21 日至 12 月 20 日太阳进入人马宫
10 月——银路初现月（冬季第一个月），
12 月 21 日至 1 月 20 日太阳进入摩羯宫
11 月——饥饿难熬月（冬季第二个月），
1 月 21 日至 2 月 20 日太阳进入宝瓶宫
12 月——忍受残冬月（冬季第三个月），
2 月 21 日至 3 月 20 日太阳进入双鱼宫

3. 森林报报纸

实践平台

1. 阅读活动资源，你对这本书有什么了解。你有什么感兴趣的问题。

学生根据以下几个角度展开讨论：

（1）《森林报·春》的内容与森林中的春季有关。

（2）《森林报·春》这本书很独特，是报纸的形式。

……

学生根据以下几个角度提出问题：

（1）《森林报·春》这本书中的月份排序怎么和生活中不一样？

（2）《森林报·春》是报纸的形式，与生活中的报纸有什么区别？

……

2. 你们提出的问题能在活动资源中找到答案吗？试着解答你们的疑问。

教师分享

在阅读中你们能够结合书中的内容发现问题，提出问题，并试图解决问题。在问题的解决过程中，一部分问题能够在书中找到答案，一部分问题可能需要你们带着问题走进生活，走进更广阔的阅读世界中继续寻找。

《森林报》以森林历的月为单元出版报纸，每份报纸以“森林里派来的电报”“林中大事记”“城市新闻”“集体农庄新闻”“打猎”“东西南北”“打靶场”等版块刊登内容，《森林报·春》这本书就是把森林历的春季三个月的内容整编在一本书中，让我们随着这本书，走进森林的春天。

模块三：初步体会科普类读物的特点，对感兴趣的内容提问并尝试解答

活动资源

1. 目录节选

2.《森林报·春》冬眠初醒月（春季第一个月）书籍内容

阅读随笔

实践平台

1. 请阅读《冬眠初醒月》目录，找到你最感兴趣的内容读一读。

2. 通过阅读你知道了些什么？把你的发现在小组内交流，并把你觉得有意思的地方读给别人听。

3. 听了同学们分享的内容或者你自已阅读的内容，你对哪些内容感兴趣呢？把你感兴趣的问题提出来，在小组内交流讨论，并把不能解决的问题归纳在一起。

学生根据以下几个角度提出问题：

（1）结合阅读中感兴趣的内容提问。

（2）结合其他同学分享的阅读内容提问。

（3）将生活与书中相关的内容相联系提问。

……

教师分享

看看这一个个版块的题目真是太有意思啦！“雪里的吃奶娃娃”“屋顶上的音乐会”“没有睡醒的苍蝇”“逃亡的春水被扣留了”。不光是这些版块的题目，内容读起来也十分有趣。如：“融雪水未经任何人的许可，就想从田里逃到凹地里去。”“交尾场台柱又把观众打量了一番，然后翘起华丽的大尾巴，把脖子弯到地，再把翅膀鞋斜拖在地上。”书中还有许多这样的句子，我们快把它们找出来读一读分享给你们的小伙伴吧！

在阅读分享的过程中你对什么内容感兴趣呢？把你感兴趣的问题提出来，如果有些问题不能通过阅读这本书解决，我们可以找到相关的书籍阅读，解决这些让你感兴趣的问题。

模块四：从一本书到一套书，再次运用边读边提问的阅读方法。

活动资源

《森林报》丛书封面

阅读随笔

实践平台

继续阅读《森林报·春》，感兴趣的同学还可以阅读介绍其他三个季节的《森林报》。在阅读的过程中我们要对感兴趣的内容“刨根问底”，不断提出你好奇的问题。

教师分享

《森林报·春》是《森林报》丛书中的一本，这套丛书是比故事书更有趣的科普读物，是一部关于大自然四季变化的百科全书。在阅读的过程中，我们一方面要总结你们知识方面的收获，另一方面要对你感兴趣的内容提出问题，去追寻大自然的奥秘，争当森林知识的科普小达人！

静心省思

统编版教材四年级下册第二单元在单元人文主题中写到“蓝天、森林、大海。过去、现在、未来，述说着自然的奥秘，科技的精彩……”在这个单元中，学生阅读了有关自然、科技方面的三篇课文，单元中的“快乐读书吧”中推荐阅读《森林报》《十万个为什么》等书籍。结合这个单元的学习，《森林报·春》的全程指导延续了本单元的语文要素训练点“阅读时能提出不懂的问题，并尝试着解决”。指导的重点侧重于对《森林报》一书产生阅读兴趣，同时，在阅读中能够结合书中的内容发现问题，提出问题，试图去解决问题。学生提出的问题，有的是基于这本书的信息，有的是将这本书中的信息与自己的生活背景相关联产生的，无论是哪个角度提出的问题，都是难能可贵的，都是一种积极的阅读状态。在问题的解决过程中，一部分问题学生能够在书中找到答案，一部分问题需要孩子们带着问题走进生活，走进更广阔的阅读中去寻找。对于解决问题，我认为，问题能够得到充分的解决不是关键，重要的是学生提出问题并试着解决的态度，以及提出的解决思路与途径。在研究中我们感受到，提出问题，解决问题，引发更多的问题，在过程中获取知识，丰富自己对这个世界的认识，这不正是阅读科普类作品的乐趣吗？

拓展阅读

《十万个为什么》

（十二）成长小说——在“变与不变”中慢慢长大

一

推荐版本

	作者：曹文轩
	出版社：人民文学出版社
	出版时间：2015 年 3 月

内容梗概

男孩桑桑在油麻地小学度过了六年令他终身难忘的校园生活，目睹或直接演绎了一连串看似寻常但又催人泪下、震撼人心的故事：少男少女之间纯洁无瑕的情意，不幸少年与厄运相拼时的悲怆与优雅，残疾男孩对尊严的执着坚守，在死亡体验中对生命的深切而优美的领悟，垂暮老人在人生的最后瞬间闪耀出的人格光辉，大人们之间扑朔迷离且又充满诗情画意的情感纠葛……这一切，清楚而又朦胧地展现在少年桑桑的世界里。

作者简介

曹文轩，中国第一位获得国际安徒生奖的作家。中国作家协会全国委员会委员，北京作家协会副主席，

阅读随笔

北京大学教授、博士生导师，是新时期以来最出色的少年小说作家之一。30余年来，曹文轩但凡推出新作，几乎都会引起人们的关注和热议。曹文轩的创作代表了中国儿童文学的一种走向，创作的终极目标是追随永恒。他的创作强调内在的艺术张力，尤其注重情感的力量、善的力量和美的力量。

推荐理由

《草房子》是一部富有品味、格调高雅的儿童长篇小说，叙述风格浅易而又深刻、谐趣而又庄重，自始至终洋溢着一种淳朴的美感，荡漾着一种悲悯的情怀——这种情怀在人与人的关系日趋疏远、情感日趋淡漠的当今世界中，显得弥足珍贵、格外感人。

书中以男孩儿桑桑为第一主人公，记叙了少年桑桑不断成长的过程，同时又与“细马、杜小康、秃鹤、纸月”等其他少年的成长，以及成人世界的情感意识升华相交织，生动形象地展现了一幅油麻地的风情画。

六年级的学生已经步入青春期，与儿童时代相比，他们的思维日渐多元、思想日渐成熟、性格日渐独立，可以说这个年龄的孩子正在经历真正的成长。《草房子》中很多人物的经历，无论是坎坷顺遂，还是失败成功，都可以与学生建立联结。阅读《草房子》，有助于学生在阅读体验中联系自身的成长经历，从而更好地把握人物形象，感受成长的历程，领悟成长的意义。

全程指导

执教教师：樊绍怡

教学目标：

1. 激发学生阅读《草房子》的兴趣。
2. 通过共读桑桑的部分事例，初步感受人物性格特点。
3. 引导学生发现成长类小说的阅读视角。

实施阶段：第一阶段（读前导读）

模块一：猜测《草房子》——营造阅读氛围

活动资源

1. “安徒生奖”颁奖词
2. 草房子图片
3. 隐去书名的不同版本封面

实践平台

请学生根据线索，猜测今天要读的会是哪部作品？

阅读随笔

模块二：聚焦《草房子》——猜想联结，唤起阅读期待

活动资源

图书封面、内容梗概、目录及导语

实践平台

1. 猜想作品内容。

（1）谈谈《草房子》：读过的简单谈一谈自己的阅读经历。没读过的，说一说自己是否见过这本书。

（2）猜测《草房子》：请没读过书的同学猜想书中内容，并简单说出依据。

2. 联结阅读经验。

（1）提供梗概、书评、目录、封面等，请没读过的学生说一说从中知道了什么，哪章最吸引自己。请读过的学生回忆印象最深的章节。

（2）请学生根据目录，猜测小说中的人物，并请读过书的学生进行验证。

（3）请学生简单说说自己最感兴趣的人物。

教师分享

借助内容简介、导语、书籍封面、目录等素材，可以使我们快速了解一部书的内容，初步了解一本书中作者的构思特点。

《草房子》是一部成长小说，书中出现了很多人。从目录中可以看出，很多章节是以人物名字命名的，而这些人物恰恰就是作品中的重要人物，小说讲述的就是发生在这些人身上、这些人之间的故事。

模块三：猜测、关联，初步感受人物形象

活动资源

【节选一】《秃鹤》

桑桑的异想天开或者做出一些出人意料的古怪的行为，是一贯的。桑桑想到了自己有个好住处，而他的鸽子却没有——他的许多鸽子还只能钻墙洞过夜或孵小鸽子，心里就起了怜悯，决心要改善鸽子们的住处。

……

中午，一家人高高兴兴地吃着鱼虾，吃着吃着，母亲又起了疑心：“桑桑，你用什么打来的鱼虾？”桑桑借着嘴里正吃着一只大红虾，故意支支吾吾地说

不清。但母亲放下筷子不吃，等他将那只虾吃完了，又问：“到底用什么打来的鱼虾？”桑桑一手托着饭碗，一手抓着筷子，想离开桌子，但母亲用不可违抗的口气说：“你先别离开。你说，你用什么打的鱼虾？”桑桑退到了墙角里。小妹妹柳柳坐在椅子上，一边有滋有味地嚼着虾，一边高兴得不住地摆动着双腿，一边朝桑桑看着：“哥哥用网打的鱼。”母亲问：“他哪来的网？”柳柳说：“用蚊帐做的呗。”母亲放下手中的碗筷，走到房间里去。过不多一会儿，母亲又走了出来，对着拔腿就跑的桑桑的后背骂了一声……

【节选二】《秃鹤》

这天下午，秃鹤的同桌在上完下午的第一节课后，终于克制不住地一把将那顶帽子从秃鹤的头上摘了下来。

“哇！”先是一个女孩看到了，叫了起来。

……

秃鹤不肯起来，泪水分别从两眼的眼角流下来，流到耳根，又一滴一滴落在泥土上，把泥土湿了一片。

【节选三】《纸月》

纸月病好之后，又像往常一样上学回家。但这样过了两个星期之后，不知道是什么原因，纸月几乎每天上学迟到。有时，上午的第一节课都快结束了，她才气喘吁吁地赶到教室门口，举着手喊“报告”。开始几回，蒋一轮也没有觉得什么，只是说：“进来。”这样的情况又发生了几次之后，蒋一轮有点生气了：“纸月，你是怎么搞的？怎么天天迟到？”

……

桑桑看到了一朵急急飘去的白云，这朵白云使桑桑忽然有些紧张。他慢慢爬起来，然后朝刘一水爬过

阅读随笔

去。当渡船离岸还有十几米远时，桑桑突然一头撞过去。随即，他和纸月都听到了扑通一声。他趴在船帮上，兴奋地看着一团水花。过不一会儿，刘一水挣扎出水面。桑桑站起来，用手擦着鼻孔下的两道血流，俯视着在冬天的河水中艰难游动着的刘一水。

【节选四】《红门（一）》

在油麻地的孩子们眼里，冬季实际上是一个捉迷藏的季节。

捉迷藏有许多种。其中一种叫“贼回家”。这是油麻地的孩子们最喜欢玩的一种。

……

第二天，桑桑装着在村巷里闲走，瞥了一眼红门，只见上面有一个坑，并且破裂，露出了里头金黄的木色。

实践平台

1. 结合阅读的节选，说说自己眼中的桑桑是个怎样的男孩？

2. 将不同的节选联结在一起，有什么发现？

教师分享

桑桑是书中的灵魂人物，他多次出现在《草房子》中，和不同的人之间发生了不同的故事。

阅读不同的节选，让我们看到的是桑桑不同的性格。将这些节选联结在一起时，我们不难发现，循着情节的变化，同一个人物，他的性格也在发生着变化。这变化有悲有喜、有苦有甜，其实这种变化带给我们的阅读感受，恰恰就是成长的味道。读成长小说，可以尝试将不同情节联结在一起，去关注人物的变化。

模块四：设置悬念，激发兴趣

活动资源

【节选一】《细马》

课上了一阵，一直对细马的学习程度表示疑虑的蒋一轮打算再试一试细马，就让他站起来读课文。蒋一轮连说了三遍，这才使细马听明白老师是在让他念那篇课文。

……

细马总是站在孩子群的外边，或是看着同学们做事，或是自己去另寻一件好玩的事情。

【节选二】《细马》

细马好像还挺乐意。那十只小山羊，活蹦乱跳，一只只如同小精灵一般，一忽儿跑，一忽儿跳，一忽儿又互相打架，给细马带来了许多快乐。

……

细马似乎很喜欢这儿的天地。那么大，那么宽广的大平原。到处是庄稼和草木，到处是飞鸟与野兔什么的。有那么多条大大小小的河，有那么多大大小小的船。他喜欢看鱼鹰捕鱼，喜欢听远处的牛哞哞长叫，喜欢看几个猎人带了几只长腿细身的猎狗在麦地或棉花地里追捕兔子，喜欢听芦苇丛里一种水鸟有一声无一声地很哀怨地鸣叫，喜欢看风车在野风里发狂似的旋转……他就在这片田野上，带着他的羊，或干脆将它们暂时先放下不管，到处走。一切都是有趣的。他乐意去做许多事情：追逐一条狗，在小水塘里去捉几条鱼，发现了一个黄鼠狼的洞，就用竹片往洞的深处挖……

【节选三】《细马》

细马就把羊群赶到油麻地小学的孩子们上学所必须经过的路口。他让他的羊在路上拉屎撒尿。女孩子们既怕羊，又怕他，就只好从地里走。男孩子们不怕，就是要走过来。这时若惊动了他的羊，他就要骂人。如果那个挨骂的男孩不答应他的无理，要上来与他打架，他就会感到十分兴奋，立即迎上去，把身体斜侧给对方，昂着头："想打架吗？"那个男孩就有可能

阅读随笔

被他这股主动挑衅的气势吓住，就会显得有点畏缩。他就会对那个男孩说："有种的就打我一拳！"……砖头倒是抓得很紧，但并不敢砸出去。胆大的知道对方不敢砸，就在那里等他过来。这一方就抓着砖头奔过来了，把砖头扬起来。胆大的也有点害怕，但还是大声地说："你敢砸我！你敢砸我！"抓砖头的这一个就说："我就敢砸你！"嘴硬，但末了也不敢砸。胆大的也有点发虚，怕万一真的砸过来，就走开了。但细马却是来真的。他对准那个高个子男孩，就扔出去一块砖头。那高个儿男孩一躲闪，就听见砖头刷地从他的耳边飞了过去。眼见着细马拿了砖头冲过来，一副绝对真干的样子，男孩吓得掉头直往校园里跑。细马又从地上捡了一块砖，一手提一块，并不猛追，咬着牙走进了校园……

实践平台

1. 阅读节选，推测在细马经历的这些事件中，桑桑有可能做些什么？并说明推测的依据。

2. 小组讨论：你认为桑桑和细马能成为好朋友吗？理由是什么？

3. 关于《草房子》这本书，你还想进一步了解什么？

教师分享

我们在推测一个人在不同情节中的想法和做法时，会联结之前阅读的节选，以及自己的生活经验，这样的推测更能让我们走进人物的内心。

桑桑和细马是否能成为好朋友呢？他们之间发生了什么呢？桑桑和其他人之间又有着怎样的故事呢？这一个个问题的答案就藏在《草房子》里，同学们可以继续阅读。

静心省思

《草房子》是一部经典的成长小说。当学生升入九年级，他们会学习到小说单元，这个单元中安排了一篇小说《孤独之旅》就是节选自《草房子》。可见，阅读这本书，为初中进一步探索小说提供了支撑。然而，我们发现学生读这部作品时理解起来有一定的难度，教师在导读时不知从何下手。本节课的尝试，就是抓住了"成长"这样一个角度推进阅读。成长是什么？是一种心路历程。不单单是身体上的长大，更是精神上的蜕变。既然成长是心路历程，就不能是一个人物停留在某一事件中的某种心情与感悟，而是在一系列的情节推进中表现出来的连续性的变化。有的时候，这种变化很温和，悄无声息；有的时候，这种变化很强烈，暴风骤雨。变化的程度往往与经历事件的强度有关。因此，教学中我们采取了关联的阅读策略，将一个人物经历的若干情节进行关联。鼓励学生，在关注一个人物的某种表现时一定要“瞻前顾后”。向前看看，他曾经经历了什么，往后想想他如果再遇到类似的事情会怎样应对。更重要的是，教师鼓励学生从“入境”即进入情节，走向“入心”即体会人物内心，感受行为背后人物的情感，去体味成长的含义。

细读这部作品，书中的每个人物不都是在经历成长吗？桑桑、秃鹤、杜小康、秦大奶奶……成长与年龄无关，成长源于自我觉醒。我们期待着，学生阅读这部作品的同时也经历了自我成长。

拓展阅读

《青铜葵花》

《根鸟》

阅读随笔

二

推荐版本

	作者：露西·蒙哥马利
	出版社：人民文学出版社
	出版时间：2015 年 3 月

内容梗概

《绿山墙的安妮》讲述了小姑娘安妮被绿山墙农舍的老兄妹马修和玛丽拉收养并长大成人的故事，是一部暖心甜蜜的少女成长记。

安妮是一个极富浪漫诗意的小女孩。她爱生活，爱读书，爱幻想，思维敏捷，妙语连珠，周身散发着富有灵气的生命活力，她不是个传统意义上的模范小女孩儿，经常闯一些无伤大雅的小祸。却总能在一次次犯错中不断成长。并最终出落成了一个乐观坚强、勤奋好学、懂得感恩的大姑娘，她用自己特有的魅力博得了收养人的爱，拥有了特别多的朋友，还找到了灵魂的知音。

《绿山墙的安妮》是加拿大女作家露西·蒙哥马利的经典作品，是“安妮系列小说”的第一部。它被译成三十多种文字在许多国家出版，在全球销售达几千万册。马克·吐温高度评价这部小说，称“安妮是继不朽的爱丽丝之后最令人感动和喜爱的形象”。

作者简介

露西·蒙哥马利，女，加拿大作家，生于爱德华王子岛。著名的作品是以《绿山墙的安妮》为代表的女孩成长系列小说。她的作品在英语国家畅销近一个世纪而不衰，已被译成数十种文字，多次改编为电影、电视剧、音乐剧等。

推荐理由

《绿山墙的安妮》已入选人教版语文六年级上册课外书屋推荐书目。这部小说刻画了鲜活生动的人物形象，安妮纯真率直、热爱生活、坚强乐观，马修和玛丽拉兄妹善良无私……小说的情节，构思缜密、一波三折、引人入胜。小说的文字清新流畅，语言生动幽默，处处洋溢着迎合儿童心理的生活情趣。这部畅销不衰的经典佳作深深地扎根在每一个读者的心中。

全程指导

执教教师：孙小涵

教学目标：

1. 激发学生阅读《绿山墙的安妮》以及对阅读“安妮系列”的阅读期待。

2. 了解安妮的成长历程，感受安妮鲜活的人物形象。

3. 引导学生发现成长类小说的阅读视角。

实施阶段：第一阶段（读前导读）

模块一：大胆推测，开启阅读之旅

活动资源

1.《绿山墙的安妮》不同版本的封面插图

阅读随笔

2.《绿山墙的安妮》内容梗概和目录

实践平台

1. 没有阅读过的同学，根据不同版本的封面，大胆猜测这本书的内容，阅读过的同学根据不同版本的封面回忆故事内容。

2. 通过内容梗概和目录印证之前的猜想，请已读完本书的学生简单说一说阅读。

教师分享

通过阅读不同版本的封面，推测小说内容，初步感知书的内容，产生阅读期待。促使学生与书本互动起来，思维发散开去，为后续阅读做铺垫。

阅读内容梗概与目录，与阅读封面时推测的内容进行交互，大致感知这部作品的故事内容。初步发现这本书描写了安妮的成长故事，是一部成长类小说。

模块二：想象、关联，与安妮共成长

活动资源

【节选一】第二章《马修·卡思伯特大吃一惊》

“我想你就是绿山墙农舍的马修·卡思伯特先生吧？”她用一种异常清脆动听的声音说，“非常高兴见到你，我刚才还担心你不会来接我了，我想象着各种可能发生的使你不能脱身的事情。我已经决定了，如果你今晚不来接我，我就顺着铁轨走到拐弯处的那棵大野樱桃树下，爬上去待它一夜。我是一点儿也不会害怕的，睡在月光下一棵开满白花的野樱桃树上准是非常愉快的，你不认为是这样吗？你可以想象自己住在大理石筑成的大厅里，是吗？如果你今晚不来，我敢肯定明天早上你准会来接我的。”

……

“我在一本小说里读到过一个女孩儿有一件终生的遗憾，但那不是红头发。她的头发纯粹是金黄色的，从她那雪花石膏般的额头向后成波纹形状泻下去。什么叫雪花石膏般的额头？我一直没有弄清楚。你能告诉我吗？”

实践平台

1. 有哪些文字或者情节引起了你的共鸣？

2. 阅读故事情节，想象安妮的样子，可以尝试画一画安妮的样子。

3. 阅读安妮的故事，想想自己的经历，有谁在安妮身上看到了自己，或者哪位朋友的影子？

教师分享

教师捕捉学生的交流，例如，在阅读这一章节时，学生从“现在你该明白我为什么不会彻底地高兴了吧。长着红头发，谁也不会高兴。别的东西我可满不在乎——雀斑、绿眼睛、瘦骨嶙峋。我可以在想象中把它们排除掉……”这部分文字中与安妮产生共鸣，想到自己与安妮一样，都有自己不满意的身体部位，从而更能体会文中安妮的心情与感受，和对红头发的态度。

教师借此启发学生，阅读成长小说，在阅读时既可以随着情节想象人物的形象，也可以不断地将书中

阅读随笔

的情节关联到自己的经历。通过这样的阅读，学生会发现阅读成长小说的过程，有时就像在书中遇见了另一个自己。

活动资源

【节选二】第十五章《小学校里的大风波》

非利普斯先生正在后面的屋角上向普里西·安德鲁斯讲解一道代数题，班上的其他学生便为所欲为，吃青苹果，悄声说话，在石板上画画，斗蟋蟀，不受丝毫约束，在过道上蹿来蹿去。吉尔伯特·布莱思正在设法使安妮看他，结果惨遭失败，因为那时安妮已经忘记了一切，不仅忘记了吉尔伯特·布莱思的存在，而且忘记了阿冯利学校的其他所有学生，甚至阿冯利学校本身。她用手托着下巴，眼睛凝视着从西窗可以看见的“闪光的小湖”那片蓝莹莹的波光。她的心已经飞往遥远而灿烂的幻想世界，除了自己的奇异幻景，她什么也听不见，什么也看不见。

吉尔伯特·布莱思还从来没有在煞费苦心地想使一个女孩子看他的时候遭到失败呢。她应该看他，那个长着一双和阿冯利学校其他所有女孩子截然不同的大眼睛、尖下巴、红头发的姓雪莉的女孩子。

吉尔伯特来到过道这一边，捡起安妮那条红色长辫子的末梢，伸直手臂拉住它，然后逼尖了嗓子低声说：“红发鬼！红发鬼！”

实践平台

想一想，如果你是安妮你会怎么做？接下来会发生什么呢？

教师分享

鼓励学生在推想故事后续发展时，将自己的生活经历与安妮的故事相关联。待学生推测后揭示答案：

安妮狠狠地瞅着他！

她不仅瞅着他，还采取了行动。她猛地站了起来。她那光彩夺目的幻想被无法挽救地粉碎了。她用满含仇恨的目光怒视吉尔伯特，眼睛里的怒火很快被同样愤怒的泪水扑灭了。

“你说什么，讨厌的家伙！”她激愤地嚷道，“你好大的胆子！”随后——啪的一声！安妮把她的石板敲在吉尔伯特的脑袋上，把它砸裂了——是石板，不是脑袋——一条裂缝贯穿到底。

模块三：提出问题，再会安妮

实践平台

1. 安妮与吉尔伯特的关系会如何发展？

2. 书中还有许多与“红头发”有关的故事，比如第九章《雷切尔·林德太太吓得心惊肉跳》、第二十七章《虚荣心和精神上的苦恼》等，这些与红头发有关的内容又会引发风波吗？

3. 阅读这部作品，思考：安妮经过这些苦恼和风波，是如何成长的？你在读安妮的故事中，又收获了什么？

静心省思

在进行这本书的导读前期，我们反复思考一个问题，什么是成长？成长就是不断获得重塑自己的能力。这部作品中的安妮不就是这样一个小姑娘吗？在一次次的风波中不断地纠正重塑自己，成为那个最好的自己。

这样一部作品，如何直达学生的心灵呢？其实，这部作品的切入点很丰富。比如，可以从人物之间的关系变化切入：安妮与黛安娜，安妮与吉尔伯特，安妮与杰西·派伊，安妮与雷切尔·林德太太等。也可以从“反复”中切入：吵架、闯祸、幻想、红头发等。在本次导读的尝试中，我们将两个切入点并行推进。选取了与红头发有关的情节，重点关注了安妮与吉尔伯特之间的关系发展。采取双线并进的方式，试图帮助学生更多元化地打开阅读整本书的视角。尤其在本书的导读中，我们一再启发学生阅读时要不断地关联自己的经历。学生在这样的阅读过程中，自己不再是

阅读随笔

置身事外，而是身在其中，获得了主动阅读的乐趣。更为可贵的是，他们会以安妮的成长关照自己的成长，在阅读中遇见另一个自己。

拓展阅读

《少女安妮》《女大学生安妮》等安妮系列作品

三

推荐版本

<table>
<tr><td rowspan="3"></td><td>作者：林海音</td></tr>
<tr><td>出版社：人民文学出版社</td></tr>
<tr><td>出版时间：2016 年 4 月</td></tr>
</table>

内容梗概

《城南旧事》是以作者七到十三岁的生活为背景写作的一部自传体短篇小说集。它描写了 20 世纪 20 年代，北京城南一座四合院里，住着英子温暖和睦的一家，以及英子童年时代的所见、所闻、所思与所感。

全书透过英子童稚的双眼，观看大人世界的喜怒哀乐、悲欢离合，其淡淡的哀愁与沉沉的相思，感染了一代又一代读者。

作者简介

林海音，原名林含英，女，1918 年出生于日本大阪，台湾苗栗县头份镇人，祖籍广东蕉岭，著名作家。

1921 年林海音随父母返回台湾；1923 年随父母迁到北京，定居城南；1948 年回到台湾，开始文学创作。她一生创作了多部长篇小说和短篇小说集，其自传体长篇小说《城南旧事》于 1999 年获第二届五四奖“文学贡献奖”。她所创立的纯文学出版社堪称中国第一个文学专业出版社，曾出版了许多脍炙人口的好书。

阅读随笔

推荐理由

林海音女士的经典作品《城南旧事》一次次打动着人们的心，无论改编成电影还是小说本身，都充满了独特的艺术魅力。其一是从儿童的视角表现人物。英子是一个六岁多的小姑娘，她聪明机警、热爱读书，内心善良而敏感。作者通过她的所见所感，向读者展示了民国时期北京南城的风土人情，刻画了丰富多样的人物形象。这样的写作视角恰恰与阅读者（学生）是贴合的，儿童最容易理解儿童，这无疑是学生阅读这本书爱上这本书的基础。其二是从离别的视角审视成长。《城南旧事》的叙事过程中不止一次出现离别的场景，就像那首《骊歌》，小英子反复吟唱。这首送别歌令全文都弥漫着离别的淡淡忧伤。在一次次离别中，小英子意识到自己慢慢长大，也要勇敢坚强地面对成长。细细想来，我们的学生，我们每一个人不都在慢慢长大吗？成长，不仅仅是年龄的增长，更是心灵的成长。

《城南旧事》这部作品影响了几代人，其中，《冬阳·童年·骆驼队》《爸爸的花儿落了》等入选小学语文教材。将教材中的单篇作品与整部作品进行一体化阅读，既有助于学生对教材中课文的学习，也有助对整部作品的深入理解。

全程指导

执教教师：马蕾

教学目标：

1. 激发学生阅读《城南旧事》的兴趣，点燃阅读期待。
2. 以小英子为线索，感受独特的儿童视角以及作品中的人物形象。
3. 结合阅读体验以及自己的生活实际，引发学生对于成长的思考。

实施阶段：第一阶段（读前导读）

模块一：一首骊歌，一部作品

活动资源

《送别》乐谱与歌曲

阅读随笔

实践平台

1. 播放《送别》，听着乐曲，念着歌词，也可以轻声唱和。

2. 学生交流听过乐曲后的真实感受。

教师分享

《送别》在《城南旧事》一书中反复出现，也是《城南旧事》这部电影的主题曲。听了这首歌，或许感到了忧伤，或许想到了离别，也或许想到了主人公小英子，并想到那本名著《城南旧事》，想起了一位优秀的作家——林海音女士。

她是中国现代著名女作家，出生在日本，1921 年林海音随父母返回台湾，1923 年迁到北京，定居城南，童年在北平长大。

模块二：一部作品，一个视角

活动资源

《城南旧事》目录

实践平台

1. 看目录，从目录中发现了什么？有何疑问？

2. 交流发现与疑问：

（1）发现：《城南旧事》中有几个小故事。分别是《冬阳·童年·骆驼队》《惠安馆》《我们看海去》《兰姨娘》《驴打滚儿》《爸爸的花儿落了　我也不再是小孩子》。

（2）疑问：《冬阳·童年·骆驼队》这个故事的名字，是三个词语组成，和其他几篇故事有什么不同吗？

教师分享

《冬阳·童年·骆驼队》是《城南旧事》的序言。“序言”，又叫“序”“前言”“引言”，是放在著作正文之前的文章，内容多说明本书的主要内容，写作缘由、经过和特点。作者自己写的叫“自序”，《冬阳·童年·骆驼队》就是林海音女士为本书写的一篇自序。在《冬阳·童年·骆驼队》中林海音女士写道：

夏天过去，秋天过去，冬天又来了，骆驼队又来了，但是童年却一去不还。冬阳底下学骆驼咀嚼的傻事，我是再也不会做了。

可是，我是多么想念童年住在北京城南的那些景色和人物啊！我对自己说，把它们写下来吧，让实际的童年过去，心灵的童年永存下来。

就这样，我写了一本《城南旧事》。

我默默地想，慢慢地写。看见冬阳下的骆驼队走过来，听见缓慢悦耳的铃声，童年重临于我的心头。

活动资源

每个故事的节选（节选故事时，注意将每个故事的结尾隐去。学生阅读时，可以独立阅读，也可以找到选择同一故事的同学进行集体阅读）

实践平台

心灵的童年中，永存下来的是什么呢？请每名同学都先读一读这篇自序《冬阳·童年·骆驼队》，再根据自己的喜好选择一个故事读一读。阅读后交流阅读感受。

阅读随笔

教师分享

1. 分享《冬阳·童年·骆驼队》的阅读感受：

英子是怎样看待骆驼的？爸爸又是怎样看待骆驼的？英子认为有趣，令她着迷，觉得驼铃是增加一些行路的情趣。爸爸并不关心骆驼，只顾着讲价钱。并且告诉英子，骆驼很怕狼，因为狼会咬它们，所以人类给它们戴上了铃铛，狼听见铃铛的声音，知道那是有人类在保护，就不敢侵犯了。由此，可见“我的幼稚心灵中却充满了和大人不同的想法”。

2. 分享《惠安馆》的阅读感受：

大人认为秀贞就是个疯子，可是小英子却觉得，还不就是一个梳着油松大辫子的大姑娘，像张家李家的大姑娘一样！她总是倚着门墙站着，看来来往往过路的人。成人的世界与英子的世界竟然对同一事物，同一个人的看法这么不同。

模块三：一个视角，一份期待

实践平台

《城南旧事》这本书就是以主人公小英子的视角，带领我们走进一个个故事。每个故事的结局是怎样的呢？同学们阅读的每个章节的节选都隐去了结尾，请你大胆猜想，并说出你这样猜想的理由。

教师分享

究竟每个故事的结局是怎样的？这本书中的几个

故事各自独立，又相互联系，究竟联系在何处呢？当我们把几个故事联系起来看时，又能读出哪些新的体会呢？在心灵的童年中，永存下来的是什么呢？带着疑问与期待，进行课外阅读，期待再次走进《城南旧事》。

实施阶段：第二阶段（读中推进）

模块一：话离别，悟成长

实践平台

1. 每个故事的结尾是怎样的？

《惠安馆》中的疯女人秀贞与司康叔夫妻永别，虽然她找到了女儿小桂子，但是最后母女惨死在火车下。

《我们看海去》中的小偷儿为了养活老母亲和供弟弟上学，才去偷东西，结果被警察抓走了。

《兰姨娘》中的兰姨娘，在小英子家住了一段时间，后来与一个北大学生德先叔相爱，一起走了。

《驴打滚儿》中的宋妈，照顾我们家很多年了，最终还是和丈夫回家去了。

《爸爸的花儿落了》中，在我十三岁小学毕业的那一年，爸爸与世长辞了。

2. 几个故事结尾的相似之处？

每一个故事中的人物都是离我而去，有的是离别，有的是永别，直至父亲去世，我的童年也离去了，我是大孩子了。

教师分享

在这本书的《后记》中写道：

为了回忆童年，使之永恒，我何不写些故事，以我的童年为背景呢！于是这几年来，我陆续地完成了本书的这几篇。这些故事不一定是真的，但写着它们的时候，人物却不断地涌现在我的眼前，斜着嘴笑的兰姨娘、骑着小驴回老家的宋妈、不理我们小孩子的德先叔叔、椿树胡同的疯女人、井边的小伴侣、藏在草堆里的小偷儿。读者有没有注意，每一段故事的结尾，里面的主角都是离我而去，一直到最后的一篇“爸爸的花儿落了”，亲爱的爸爸也去了，我的童年结束了。那时我十三岁，开始负起了不是小孩子所该负的责任。

实践平台

小英子的童年在父亲永别的那一天结束了，在一次次离别中，英子知道自己长大了。同学们即将小学毕业，童年也已经渐渐离你们而去，结合你们的生活，谈一谈你是怎样看待童年、看待离别、看待成长的？

模块二：知主旨，明意图

实践平台

阅读了这本书，回忆一个个故事，再次浏览自序《冬阳·童年·骆驼队》以及《后记》，想一想林海音女士为什么要写就这本《城南旧事》？

模块三：拓出去，收回来

实践平台

1. 看一部电影。

《城南旧事》这部作品感染了一代代人，是值得一再阅读及回味的文学经典。同名电影在 20 世纪 80 年代拍摄上映后屡获国内及国际大奖，成为“中国风格”的典范。你可以观看电影《城南旧事》与这部作品加以比较，你觉得电影拍得如何，电影中的小英子是你想象中的小英子吗？

	年代：1983 地区：大陆 演员：沈洁　张丰毅 张闽　郑振瑶　严翔 徐才根　李农　秦焰 导演：吴贻弓

2. 听一首歌曲。

在《城南旧事》这本书中反复出现的骊歌，也是这部电影的主题曲《送别》。这首歌曲被很多歌手翻

阅读随笔

唱，老师听过很多版本，朴树唱的一首《送别》别有一番滋味。感兴趣的同学可以听一听电影的主题曲，也可以听听朴树的演绎，也可以听听其他人演唱的这首歌曲。

3. 绘一段送别。

小学即将毕业，我们也会遇见送别季，在送别时，你想对老师、伙伴说些什么？或者想做些什么呢？用自己的方式书写属于自己的送别。

静心省思

《城南旧事》是林海音的自传体小说，以其七岁到十三岁的生活为背景，以其细腻的文笔，描绘了英子童稚眼中大人世界的悲欢离合。不同时期、不同心境的我，每每读此书，总会沉浸在淡淡的哀愁与绵绵的相思中，耳畔会响起“长亭外古道边，芳草碧连天……”我是多么想带着孩子也走进这部经典中去！

在此书全程指导的设计中，我总想着，让学生真的成为阅读者走进小英子的世界中去，“读”静一点儿，“想”深一点儿，“贴”近一点儿。

“读”静一点儿。整本书的阅读要培养一个阅读者，就需要有一个真实、自然的阅读状态，让孩子们能静静地读，能遵从自己的心，有选择性地读，读进去。因而，这一次的导读，我要求学生共读自序《冬阳·童年·骆驼队》这一篇，其余的故事根据学生的兴趣，自己选择，自主阅读。阅读时，可以一个人“独乐乐”，也可以与选择同一个故事的伙伴一起“众乐乐”。教师少一些干预，少一些打扰，少一些千叮咛万嘱咐的不放心。阅读的空间交给学生，让课堂静下来，阅读静下来，思考静下来。我一直告诫自己，读书要静一点儿，再静一点儿。

“想”深一点儿。一部经典之作，它能带给读者的精神启迪是弥足珍贵的。阅读经典其目的就是要培养一个大写的人，一个有情操、有灵魂的人。对于作品中传递的精神内涵需要“想”深一点儿。像《城南旧事》这样的自传体小说，我们一定要把作者和作品联系起来，去感受人物的内心世界。尤其是作品独特的儿童视角所呈现出的儿童的天真、烂漫、善良，要感染学生；在离别中成长，即使艰难也要坚强，这样的情怀要感动学生。

“贴”近一点儿。贴孩子们的生活更近一点儿，只有与学生生活贴近，才能唤起他们的共鸣，引发学生的思考。于是，我结合毕业季设计了关于离别与成长的话题与活动，结合作品，联系生活，将作品与学生对接。学生就会将书中的情感、情绪迁移到生活中，在生活中阅读，这本书更加有了阅读的意义。

一部经典，可以玩味的元素太多，读不完，讲不尽。回顾本书的全程阅读指导，总有遗憾，也有思考，比如“话题可以再丰富一点儿”“关系可以再清晰一点儿”“语言可以再品细一点儿”。

在推进阅读时，我主要选取了与这本书主题一致的话题“离别”“成长”来与学生交流。其实，可以将话题再丰富一点儿。比如“该不该叫秀贞疯子”“‘厚嘴唇’是好人还是坏人”等，这样细化一下话题，对于学生阅读感受小英子的儿童视角，是不是更有帮助呢？

在阅读交流时，学生往往将几个故事中的人物混淆。其实，这也难怪。五个故事相互独立却又有着千丝万缕的联系，情节之间有关联，人物之间有关系。如果教师帮助学生按照五个故事，梳理出人物关系图，如下：

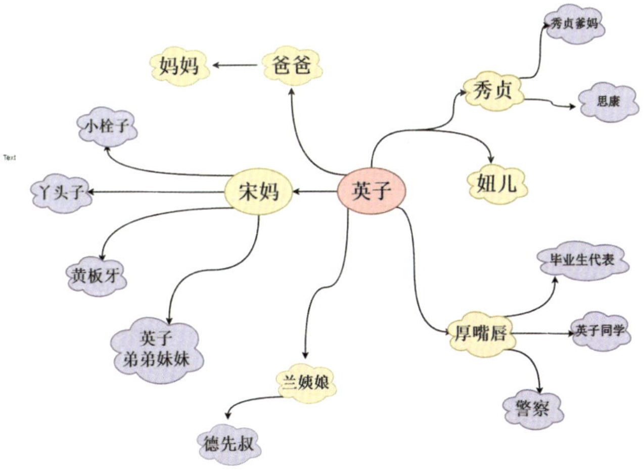

用思维导图勾画出一张人物关系图，那么一长串的名字就变得清晰起来，人物的关系一目了然。

一部经典，不仅是人类精神上的养料，也是上乘

阅读随笔

语言的范本。在《城南旧事》中这样的语言太多了。单单就父亲的语言来看，虽在作品中不多，但是凝练又具有深意。想逃学时，爸爸说："晚了也得去，怎么可以逃学！起！"六年级时，爸爸病重卧床时，爸爸说："没有爸爸，你更要自己管自己，并且管弟弟和妹妹，你已经长大了，是不是？"临终前，爸爸嘱咐我寄钱给在日本读书的陈叔叔时，爸爸说："不要怕，英子，你要学做许多事，将来好帮着你妈妈，你最大。"英子临去汇款时，爸爸叮嘱："闯练，闯练，英子。"爸爸的语言，不仅刻画出了一位严厉又慈爱的父亲形象，而且对于我们的学生也有唤醒与启迪的作用。类似这样的语言，可以品味得再细腻一些。

经典之所以是经典，正因为有着回味与遐想的无限空间。这一次的尝试，收获是有的，遗憾是有的，思考在继续。让那些收获、遗憾、思索，化作再读经典的期待，期待与《城南旧事》的下一次相遇。

拓展阅读

《呼兰河传》